事業戦略

CORE SCENARIO《コア・シナリオ》発想法

榎澤 祐一

CONTENTS

CONTENTS

はじめに

私は約20年間会社に勤務した後、大学院で経営学を学び、今は大学の経営学部でマーケティングの教員をしています。

20代には会社の研修の場や書籍で、マーケティングや経営に関する戦略用語を学び、30代では、これらの知識の吸収をやめました。当時、転職先の会社で音楽ビジネスの立ち上げをしていました。転職前に何人かの成功した音楽プロデューサーの本を読んだのですが、その中に「音楽は感じるものであり、なまじっか本を読んでいると、ヒットを出せなくなる」という主張をみつけ、妙に説得力を感じたからです。結果としてヒットはともかく、担当するプロジェクトで黒字を出すことができ、事業は軌道に乗りました。しかし、過去を振り返ると「もっとスムーズにプロジェクトを進められたのではないか」という思いや、「このままだと、より大きな事業を進めることは無理だろう」という思いが飛来し、40代を前にして大学院の門を叩きました。

つまり、経営学の知識への接触という点で、20代は一般的な会社員並みの摂取、30代は皆無、40代手前からは学者として接触しながら、大学生向けに知識を教える経験をしてきました。これらの経験で直面したのは、会社員の研修や大学生に向けた教科書の知識は、知識の理解を目的としている反面、「戦略を作るのには向いていない」という現実です。

例えば、ある商品を構想してマーケティング企画を立てる授業があるとしましょう。まず、学生が経営戦略の授業で「ＳＷＯＴ分析」をするとします。ＳＷＯＴ分析では自社製品の強み・弱みや、自社にとって追い風・向かい風となる外的要因を挙げます。そして、その分析を基にマーケティングの４Ｐ（製品・価格・プロモーション・流通）を考えます。

学生はアイディアができあがったらスライドでプレゼンテーションします。きれいなスライドを作る学生もおり、優れたアイディアがいくつか出てきます。

「面白いアイディアですね。どういう経緯で考えたのですか？」

尋ねると「なんとなくです」、「以前、〇〇していたことがあり、××だったからです」という答えが返ってきます。ここで教員として気になるのがＳＷＯＴ分析の結果からマーケティングの４Ｐへの思考のジャンプです。もし、アイディア発想力の養成が目的の授業であれば、ＳＷＯＴ分析から、どのような思考回路で４Ｐを発想しても良いと思います。「ビジネスなんだから結果さえ出れば良い」という考え方もあるでしょう。近年では「デザイン思考」というバズ・ワードを引き合いに出して「発想にワクをはめたり、批判したりしないようにしましょう」と課題前にルールを示すことも多くなりました。

ただし、これは経営学の授業です。経営学独自の発想の手順や方向性が無くても良いのかとモヤモヤします。また、実務の世界でも「なんとなく」ではなく、企画書などの形で言語化や文書化が求められます。企画書が無くても戦略内容の巧拙とは関係ないですが、企画書がないと戦略自体をプロジェクト・メンバーに理解してもらうのがむずかしく、大規模な組織ではビジネスを進めにくくなるでしょう。

概念を理解するのは容易だが、課題解決の方法が学びと無関係。このように、マーケティングや戦略の授業・実務でありがちな状況を少しでも緩和したいと願ったのが、本書執筆の最初の動機です。しかし、誤解を恐れずにいえば、本書では、どのような会社にも戦略が必要とは考えていません。例えば、事業継承や資格職の独立の場合、親族や師匠から事業基盤を引き継ぐことが多く、長年の間に洗練された戦略がすでにあります。時代の要請に対応して変化する必要があるとしても、多くは戦術レベルの変更で十分なことが多いでしょう。

一方、本書が特に対象としているのは、プレゼンテーションや審査が重視され、事業基盤のない中から起業を企てる企業内起業者とビジネスプラン・コンテストの出品者です。これらの人たちの多くは、通常「今までにない発想を！」などのスローガンとともに、アイデア勝負での事業立ち上げを求められやすいです。そして、プレゼンテーションや審査の場では、事業計画数値の精度は重要だとしても、戦略の説得性がより重視されます。そこで、本書ではこれらの起業を「ゼロイチの起業」と呼び、特に立ち上げ期において戦略が成功の「根拠」として機能するための思考手順をご案内します。

したがって、ここで述べる知識にはビジネス研修や大学の講義用の教科書のような網羅性はなく、話の順序もこれらとは違います。アイディア発想法の類の話もありません。また、私の実務経験や取材結果に基づく事例も出てきますが、それだけを基にした主張を目的とはしていません。

しかし、本書は戦略に関する知識の「理解」と「活用」の間の距離を埋めるべく、話を展開していきます。本書が想定する戦略策定の構想を先取りしていうと、競合との競争で「負けない」ための要素だけを先に考え抜くというものです。

そして、この「負けない」の源泉を「競合から、まねされにくい（模倣困難性）」に求め、そのタイプをいくつかに分けて考えました。作った戦略は会議や審査のためだけではなく、実効性のあるものを目指します。本書が述べる方法はプレゼンテーションや審査を通すのに適するはずですが、上場企業のＩＲ資料のような美しいプレゼンテーション資料作りそのものを解説していません。そして、戦略に関する過去の研究に言及しながら、どこに限界があるかも隠さず述べます。

一方、本書を読む人は自己研鑽に余念がない人の他、会社や先生から薦められたから、読み始めた人がいるかもしれません。そこで、本書では学問的な厳密性にはこだわらず、実践を志す人から質問をよく受ける内容を、しっかり踏まえるようにします。また、面白いと思った事例を交えていきます。経営者から直接話を聞いたり、論文・書籍を読んだりして「なるほど」と思ったり、感動したりした事例を選びました。

ビジネスプラン・コンテストの出品は大学や大学院の授業の一環として行うこともあるでしょう。そこで、ビジネス書でありながら経営学者による過去の議論も確認して、それらとの関係の解説も試みてもいます。なお、本書では主語として「企業」を多用していますが、非営利組織での事業でも適用できるものも多いです。

蛇足になりますが、日本で「非営利組織」というと、寄付や補助金からの収入を思い浮かべやすいですが、今日の日本では人口減少が確実視される中、事業収入の重要性が増しています。非営利組織こそ、特に今後「ゼロイチの起業」が求められる組織と考えます。

本書では戦略構築の過程における解釈のズレを避けるために様々な事例を用います。ただ、その分、全体の流れが分かりづらく感じる方もいるかもしれません。その際は、最初に「8．戦略策定の実際」を読んで戦略構築に関する全体の流れを理解してから、各章か、場合によっては確認が必要な章だけを確認する方法もあると思います。一方、第8章は本書のエッセンスを凝縮して詰め込んでいるため、同章だけ先に読んでも端的過ぎる場合は、結局、最初から順序にしたがって読み込むのが王道かもしれません。

1.

戦略のとらえ方

1-1

戦略を机上で考える意味

マーケティングや経営や事業に関する戦略の授業をすると、「面白そうだ」と語る人が一定数いる反面、ある種の「うさん臭さ」を感じている様子の人もいます。特にビジネス経験のある人からは、これらの知識を共有した際に「ある企業の例ですよね。一定のサンプルサイズのエビデンス（証拠）はあるんですか？」という質問を頂きます。

また、戦略の知識共有ではひとつの事例を共有し、最後に事例から得られる教訓を参加者で議論することが多いです。このような形式やセミナーや授業では議論した内容に関して「それは実際に経営者が考えていたことなんですか？」という指摘があります。端的にいえば「後付けだから、いえるのではないか（実際にビジネス実務で、その時に直面したらそんな気の利いたアイディアは出ないのではないか）」という主張です。

まず、「エビデンス問題」から見ていきましょう。「証拠の数が少ないと『確からしさ』も低い」というのは中学校の数学での説明です。ただ、ここで気にしたいのは「確からしさ」の認識の仕方です。

中学校の数学の授業では、コインを投げて表裏のどちらかが出る確率は、コインに細工をしない限り確率の問題として片付けられました。しかし、ビジネスの世界ではそのコイン、つまり企業のひとつひとつが個性的であり、各企業はヒト・モノ・金などの経営資源が異なります。ある地域に100事業があった時に、5

年間以上継続している事業が10個あったとします。確率の問題と捉えれば、事業の5年間存続確率は10％です。では、誰かがこれから事業を始める際の成功確率は10％なのでしょうか。もしかしたら、ある地域で10個の事業を成功させたのが、1人の経営者であるかもしれません。事業の場合、これに近い例は珍しくありません。

つまり、ビジネスの場合、あらゆる条件を揃えたサンプルを一定数集めるのが不可能ですし、各企業で無数に異なる条件を揃えることも不可能です。だから、結論に信頼が置けないと考えるわけです。

このような考えに至る論理自体は、その通り否定すべき点はありません。ただ、ひとつ前提が違っているのは、ビジネスの研修や授業の目的は戦略が「事業をうまく遂行するための考え方の提供」であり、「うまくいく法則」の提供ではないという点です。この2つの字面は似ていますが、大きな隔たりがあります。

「ビジネスで成功したいから学ぶ」という目的をもつ人であれば、最近のビジネス系ＹｏｕＴｕｂｅｒがよくいう言葉でいえば「再現性」のある秘策があれば知りたいのが人情です。「どこかに秘策が無いか」というフィルターをかけて物事を見れば、知識共有されている内容自体に対し「一定のサンプルサイズからの確たる証拠であってほしい」と願ってしまうわけです。

次に「後付けだから、いえるのではないか問題」です。こちらは「証拠問題」よりは核心を突いた指摘です。厳しいビジネス環境の中で成功を収めた経営者の講演は、その実績を前にすると学者の分析より説得力があります。学者の分析結果の分が悪いです。では、少し違う角度から想像してみましょう。

学者が成功した戦略について関係者に取材するとします。インタビューの中で取材対象者が「事業を遂行する前から戦略を考えていた」と述べていたら、無条件にその戦略は「後付けの理屈」ではないと信じられるでしょうか。当事者が述べているからといって「後付けの理屈では無い」と掛け値なしに思う人は少ないでしょう。また、取材対象の会社の社員にメディアのインタビュー記事をみせると、「実は、あれはね…」と現実との違いを告白するのは、よくある話ではないでしょうか。

残念ながら「後付け問題」に対する強力な対策はありません。ただ、ひとついえることは、話す内容ではなく話者の属性を基に内容を評価しがちな人間の思考の癖（バイアス）は念頭においた方が良さそうだという点です。事実を注意深く捉えれば、その分析結果が後付けかどうかを分析する知性も、多くの人に備わっているはずです。

1-2

戦略と「戦術」の間

観念的な話がつづきましたので、ひとつ事例を話しましょう。日本のスターバックスの例です。といっても、今のスターバックスではありません。スターバックスが日本進出したのは同社公式ウェブサイトでは1996年とされています（STARBUCKS STORIES JAPAN, 2021）。

この時、スターバックスのアメリカ本社は直接、日本進出したのではなく、サザビーリーグという日本企業からの呼びかけに応じて進出していました。サザビーリーグは複数のファッションブランドの他、大都市にあるレストラン「ＫＩＨＡＣＨＩ」、ハンバーガーショップ「シェイク・シャック（Shake Shack）」などを展開する企業です。

サザビーリーグの創業者・鈴木陸三さんは日本でのスターバックスの展開の経緯について次のように述べています（東洋経済ＯＮＬＩＮＥ、２０１７）。

当初、スターバックスはホテルマリオットグループと組んで成田で2店ぐらい出していた。だが、戦略もなく日本に持ってくれば当たるものではなかったので、すぐに撤退した経緯がある。その後、われわれと組んで20年前に日本に進出した。

サザビーリーグはその後の10年間、現在の日本でのスターバックスの繁栄につながる基礎を作り、２０１６年にアメリカのスターバックス社との合弁会社の株式を手放しました。

日本のスターバックスが新聞やビジネス雑誌で報道されるとき「職場でも家でもないサード・プレイス」、「日本の喫茶店文化の牙城を崩したアメリカ文化」などの言葉とともに語られることが多いです。これらはスターバックスに特徴的な現象としては多くの人の共通認識でしょう。しかし、これらが果たして「戦略」

といえるかについては一旦、立ち止まって検討した方が良さそうです。

というのもマリオットグループと実施した最初の日本進出でも、スターバックスの店舗やサービスに、これらの要素は存在していました。にもかかわらず最初の日本進出は失敗しました。店舗ビジネスで失敗の要因を突き止めようとすると、よく「戦犯」にされがちなのが広告不足と立地の問題です。

しかし、サザビーリーグとの合弁による2度目の日本進出時にスターバックスは宣伝をあまりしていません。逆に立地については最初の日本進出時のスターバックスでも、現・成田国際空港内という一定量、人の往来がある場所にありました。

消費者から見た際の企業の特徴でもなく、商品・サービス内容、宣伝や立地などの「戦術」に回収されない要素。鈴木氏のいう「戦略」こそが、本来多くの人が構築したい戦略ではないでしょうか。

1-3

戦略と「アート」の間

もうひとつ戦略とは何かに迫る事例を紹介します。ビジネス書で取り上げられる定番の事例として富士フイルムと、アメリカのイーストマン・コダック（以下、コダック）の比較があります。

2000年前後からフィルムカメラが急激に衰退し、デジタル化していく中、当時の世界のフィルム市場の大手であった最大手・コダックと二番手・富士フイルムの業績の明暗が分かれました。富士フイルムは近年も過去最高益を記録するほど成長を続けていますが、コダックは2012年に事実上、倒産しました。戦略比較では富士フイルムの「成功要因」とコダックの「失敗要因」を分析するのが定番です。学者による戦略解説がいくつかある中、当事者であった当時の社長・古森重隆さんの論考もあります。

まずは富士フイルムの成功要因から見てみます。古森さんによれば1980年代にすでにデジタル技術が写真だけでなく、印刷や医療分野で出現していたそうです（古森、2014）。1990年代に入っても写真フィルムの市場が成長し続けていたため、デジタル技術を生かした新規事業創出は本格化しませんでした。写真フィルム部門の売上ピークは2000年でした。ただし、富士フイルムは1998年に世界初のデジタルカメラを発売し、2000年頃には市場で3割の業界トップ・シェアを占めていました。当時の古森社長はデジタルカメラには標準化できる部品が多いため、差別化がむずかしく、いずれ競争力を失うだろうと考えていました（古森、2014）。そこで、2001年から研究所とともに新規事業への参入を模索します。具体的には①市場成長性があるか、②保有技術を生かせるか、③継続的に競争力を持ち続けられるかという、3基準をもとに参入市場を決めたそうです（古森、2014）。2004年に事業の構造改革を開始し、3年後の2007年度には過去最高の売上と利益を記録しました。

富士フイルムの取った戦略をひとことでいうと、多様な市場に参入する「多角化戦略」と捉えられます。写真フィルムにこだわらず、医療機器、医薬品、ヘルスケア、印刷用機材、液晶用光学フィルム、カメラなどのレンズ、複合機といった幅広い分野に参入しています（古森、２０１４）。

他方のコダックはどうだったでしょうか。コダックの「失敗要因」が挙がる中、初期に唱えられた失敗要因の説は名付けて「デジタル化対応への乗り遅れ」説でした。富士フイルムが迅速にデジタル対応できた一方、コダックは既存のフィルムビジネス基盤が強かったので過信してしまったという説明です。そして、「イノベーションが大事」という結論に着地します。

しかし、この説に対し「事実誤認だ」と主張する説が現れました。というのもコダックは確かに初動で富士フイルムより出遅れたものの、フィルム工場の人員整理を断行し、２００５年にデジタルカメラの売上台数1位に上り詰めていたからです（Adner, 2016）。初期のコダックのデジタルカメラ製品群はフィルムカメラ時代のニーズに固執したハイスペックな製品群だったものの、後に簡易なデジタルカメラを求めるニーズに応えるよう戦略を修正し、市場を支配していたのです（Anthony, 2016）。

さらに、別の角度からの説明として、コダックが破たんした２０１２年にはスマートフォンが普及し始めていた時期であり、スマートフォンを核としたビジネスに乗り遅れたという説明もありました。確かにコダックは２００1年に現在の「インスタグラム」のような写真共有サイト「Ｏｆｏｔｏ」を買収しておきながら（Anthony, 2016）、ビジネスに結び付けられませんでした。

ただ、もう一段別の見方をすると事態は、そうシンプルではありません。経営破たんする2年前の２０１０年時点でコダックはインクジェットプリンター市場で4位のシェアを占めていたからです（Adner, 2016）。

例えば２０１０年時点でプリンターの上位シェアを占めていたキヤノンのプリンター事業は、今でも一定の地位と収益性を保っています。したがって、コダックが「先見の明がない」とだけ指摘するのはフェアでは無いでしょう。

では、コダックの経営破たんの要因は何か。それは、デジタル画像（写真）のプリント、中でもアメリカのドラッグ・ストア店頭での写真印刷端末の設置に事業を集中した直後、消費者が写真をデータのままＰＣなどに保存するようになり、プリントする習慣があっという間に崩壊したことです（Adner, 2016）。写真印刷端末事業は富士フイルムも手掛けていました。しかし、皮肉にもアメリカでは富士フイルムの端末を押しのけてコダックの端末が増えていたそうです（Adner, 2016）。

２社の対比の説明を聞くと「富士フイルムのように技術を沢山保有して多角化すべきで、コダックのような『選択と集中』はリスクがあるからやめた方が良い」という教訓に回収されてしまいそうです。ただ、これでは当たり前で、何も言っていないような感じがします。

実際、フィルム市場のプレイヤーには「選択と集中」で生き残った会社もありました。それがドイツのアグフアです。アグフアは写真フィルム市場の衰退に直面した際、自社が保有していたレントゲン写真の解析技術を掘り下げ、医療分野に事業を集中しました（加護野、２０１２）。富士フイルムのような規模の拡大は望めませんが、今でも一定の地位を占めています。

そして、ここで注意したいのが富士フイルムの多角化は、多くの人が想像しやすい「Ｍ＆Ａによる多角化」

とは質の異なる多角化です。古森さんの述懐の通り富士フイルムは1980年代に多様な技術を研究していたものの、新規事業の創出は本格化しませんでした。つまり、事業化できるかもしれない手持ちの技術自体は沢山あったわけです。これらのカードが無ければ、2000年前後の段階で「多角化」は採用できない戦略だったのです。

比較的分かりやすい「隠れた前提」の話をしましたが、このような隠れた前提が、意図するか、しないかを問わず隠れたまま語られることが多くあります。2000年前後に経営者が取り得た打ち手、つまり経営戦略だけに焦点を絞って検討するなら、本来比較すべきは同じ集中戦略を採ったコダックとアグフアではないでしょうか（日本人向けの説明として、なじみやすいかどうかは置いておきます）。

富士フイルムが2000年代にすでに保有していた技術は、同社の技術開発陣による、いわば「アート」といえるでしょう。その背景には経営側からの技術開発費の投下という「援軍」があったのは確かですが、多様な技術を商業化できる水準まで開発できるかは研究者の腕にかかっています。これらの例のように単一の事象であっても学者や経営者ごとに異なる説明が可能です。他社事例を基にした戦略作りのためには隠れた前提としての「アート」を見分けた上で、自分が今いる状況の中で再現できることをみつける必要があるといえるでしょう。

1-4

では、「戦略」とは何か？

ここまで戦略を定義せずに、戦略の存在の有無や戦略とアートの境界について述べてきました。では、戦略とは何なのでしょうか？私がしっくりきた定義として、経営学者の沼上幹さんの定義を紹介します。

自分が将来達成したいと思っている『あるべき姿』を描き、その『あるべき姿』を達成するために自分の持っている経営資源（能力）と自分が適応すべき経営環境（まわりの状況）とを関係づけた地図とシナリオ（沼上、２０００、p．３）

この定義を読み、真っ先に言葉の定義を知りたくなるのは「あるべき姿」、「地図」、「シナリオ」あたりでしょうか。後ほど、ゆっくりと紐解いていきますが「あるべき姿」はコンセプト、「地図」は経営資源の配分（力の入れどころ）、「シナリオ」は時系列での行動計画と読み替えました。個人での戦略構築（例：キャリアプラン）を想定した定義では、これで説明は十分だと思いますが、組織で戦略構築するとなると、もう少し補足説明が必要です。

結論から述べると、企業として戦略を打ち立てる場合には「違い」が重要です。まず、多くの条件下では

「違い」がなければ競争環境の中で組織が生き残れません。なぜそうなのか、どのようなときに「違い」がなぜ必要かを想定される状況ごとに見てみます。そこで図のように各企業が置かれた状況を分類しました。

まずは競争が無く、かつ、違いが無くても売上を立てられる世界（右下の象限）です。このパターンでは２つの状況を想定できます。ひとつは1企業による「市場独占状態」です。１９８５年まで日本の電話市場は、日本電信電話公社（以下、ＮＴＴ）が法の規制により独占していました。新規参入者もいないので戦略不要の世界です。ただ、政府企業の民営化が世界的に進められた現代では、このような意味での独占市場は稀です。

市場独占していたとしても新規参入自体は法律で規制されているわけではない場合も多いです（右上の象限）。例えば、独占には至っていませんが寡占市場として家庭用ゲーム機の市場がこれに当たります。家庭用ゲーム機

競争の有無と「違い」の必要性の有無

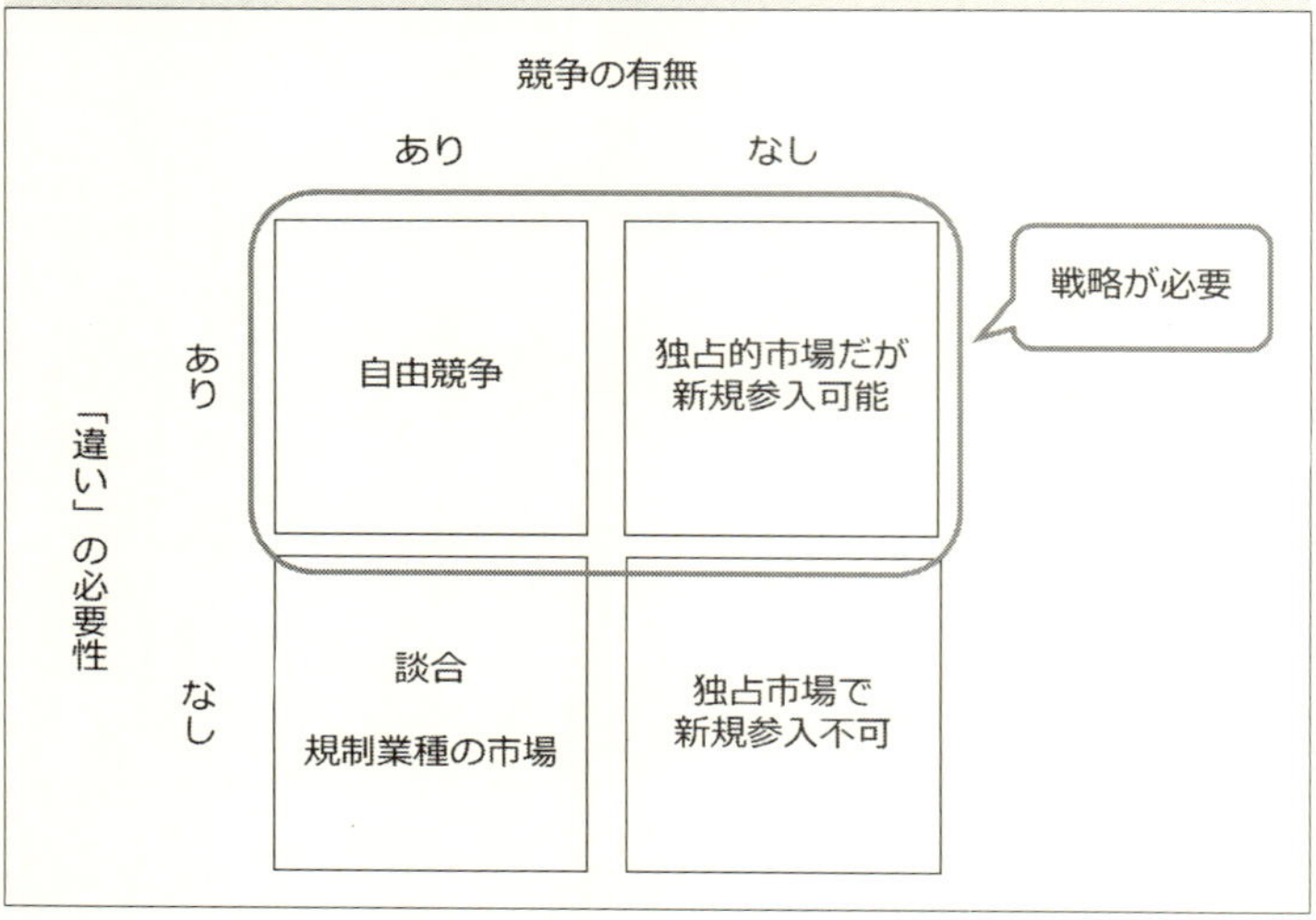

市場は、2025年時点で任天堂「Nintendo Switch」とソニー「PlayStation 5」が、ほぼ市場のすべてを占める市場です。このとき、寡占企業である任天堂とソニーには「見えない今後の新規参入者」との競争が生じています。新規参入者は独占企業との違いを作れそうな機会を虎視眈々と狙って参入してきます。この意味での独占市場には「違い」が常に求められるといえるでしょう。

もうひとつのパターンは談合（カルテル）です（左下の象限）。ある山の山頂では敷地の都合上、山小屋を2件しか建てられないとします。この2件のオーナーは話し合いをしながら登山者数に対してそれぞれ適当なベッド数や食事などのサービス水準を決め、価格も同じに設定したとします。これが談合状態です。しかし、談合はいうまでもなく違法であり、現実にはあってはいけない世界です。

同じく左下の象限として、競争があるけれども、違いが無くても売り上げを立てられる世界を想定します。「規制業種」の市場です。例えば、かつてのタクシー業界がそうでした。かつては乗車料金もタクシーの保有台数もタクシー会社自身で自由に決められませんでした。その代わり、規制にしたがっていれば会社は大きく成長できなくとも生き残れました。「違い」を作れませんでした。しかし、これも規制緩和の流れにある現代では消えゆく世界です。

残るのは競争があり、かつ、違いによって売上を立てる世界です（左上の象限）。多くの企業活動はこの領域にあります。また、非営利組織でも自覚しているかは別として、この領域にある組織が大多数です。そして、「違い」を生み出すにあたっては、コストを売上金額未満に抑え利益を創出する技量と、競合との「違い」を実現する人材の能力（個々のメンバーの質や数だけでなく、組織全体としての動き）が必要です。この世界が本書でいうところの「戦略」を特に要する世界です。

1-5

ゼロイチのための戦略 ～戦略のコア・シナリオ

本書が想定する「戦略」を適用すべき状況とは、自由競争市場か新規参入可能だが独占的な市場に、ゼロイチの起業で参入する企業だといえます。そして、このときに先の沼上さんの定義をお借りすると、戦略は「シナリオ」の形を取る点をはっきりさせておきたいと思います。

本書が対象とする戦略は、経営学の視点からいえば事業戦略です。会社にまつわる戦略として、よく耳にする戦略は「経営戦略」ですが、それとは異なります。経営戦略が想定する「経営」とは複数の事業を同時に回すことであり、経営戦略の世界では、いくつかの事業がある中で、事業同士の関係や、各事業に経営資源（人・モノ・金）をどの程度配分するかに興味関心があります。これは、投資のポートフォリオに近い部分があります。投資のポートフォリオの構築プロセスでは、投資対象を株式、債券、土地建物などに振り分けます。さらに株式でも外国株と日本株などのバランスを考え、ポートフォリオ全体で、どのように投資を成功させるかを検討していきます。一方、事業戦略は、実際に事業をどのように動かすのかという動作の描写が重要です。資源についていえば、配分対象ではなく制約条件として捉え、その中でどのように今後、自分が行動を起こすか、つまり「自組織（特に経営者）を役者に見立てた行動のシナリオ」を考えるのが、本書が提唱する事業戦略の「コア・シナリオ」です。

2.

戦略の条件

2-1

戦略を必要とする組織とは？

前章では戦略を作る際に、大多数の組織で「違い」が必要なことを述べました。しかし、もう2つお話させてください。この理解にズレがあると戦略不要論が首をもたげてくるからです。

本書は「組織には何がなんでも戦略が必要」と主張したいわけではありません。しかし、もしこれらの前提がないなら戦略を策定するのは無意味ともお伝えしたいです。案外多くの戦略に関するセミナーや授業では、この点が語られないまま話が進んでいると思いますので、しばらくお付き合いください。

2-2

戦略を必要とする条件①「継続事業（ゴーイング・コンサーン）」の前提

近年では経営関連の文章で「持続可能な」という形容詞を頻繁に見ます。これは期限を設けず、半永久的に続くという意味です。日本には「百年企業」や「千年企業」と呼ばれる長寿企業が沢山あり、そのエピソードが広く書籍や講演会で共有され支持されています。また、「終身雇用制は終わった」と言いますが、個人としては一度就職した組織が長く続いてほしいと思うのが多くの労働者の人情でしょう。

本書で述べる「戦略」は、このような日本での「多数派」の人々の見方を前提としています。しかし、そうは思わない人もいます。もう一度、先ほどの富士フイルムとコダックの比較エピソードを取り上げます。ただし、いま注目するのは「富士フイルムが成功しコダックは失敗した」という視点そのものについてです。この視点では、富士フイルムやコダックという個々の企業の視点で見ていました。今は一段、カメラをズームアウトした視点で見てみます。そうすると「コダックは倒産したけど、それによって同社の技術者が別のベンチャーに転職した。技術者は自分の技能を生かせ、転職先の企業は発展の原動力を得ているから、コダックが非効率なまま存続し続けるよりも、社会全体としては成功ではないか」という見方もあり得ます。

もちろん、経営者がこの視点を悪用して資本をかき集め、高額な役員報酬を得ながら企業倒産を繰り返すのなら投資家の投資意欲をそぎ、モラルハザードに陥るでしょう。ただ、経営者が心から善意で資本の効率性、すなわち、より儲かる事業探求に能力を全振りした結果、「戦略的破産」をすることもあり得るというわけです。

コダックのケースでいえば、プリンター事業への「集中と選択」が、この例に当たると読み取れます。つまり「常に効率性の高い事業機会の探索に集中し、その結果倒産するならば仕方がない」という考え方です。しかし、事業を長く続けることを優先して考える企業であれば、このような考え方をしないはずです。

日本の百年企業・千年企業でも「本業と関係ない事業に多角化しない」など「選択と集中」と捉えられる社訓を掲げる企業があります。しかし、これら企業の「選択と集中」のニュアンスはコダックと違います。百年企業・千年企業の場合は、あくまでも収益性を確立した事業がすでにあるから「仮に既存事業より、おいしそうな儲け話が舞い込んでも安易に飛び移らない」という意味でしょう。

その真逆の例にも触れます。戦略の教科書でおなじみの理髪店「QBハウス」は開業までに2年間もの準備期間をかけたと言われています（当初は3年間の予定）（キュービーネットホールディングス株式会社、2022）。それは、起業にあたりリスクを最小化するためだったそうです。創業者の小西國義さんは、創業を思い立った時すでに50代も半ばでした。率直には「失敗は許されない」と考える年齢といえます。

そして小西さんは価格にシビアな地域とされる大阪において、繁華街の難波、ビジネス街の梅田、住宅街の千里ニュータウンと、異なった属性の3か所で需要調査を実施したそうです。「10分1、000円（現在は1，200円）のヘアカットに行きたいですか?」という設問のアンケートを実施した結果、「行きたい」と回答する人の割合の予測値が5％であったところ、30％であったため事業の成功に確信をもったそうです。

さらにQBハウスの店舗模型を作りました。理容師が効率的に動ける動線をシミュレーションして議論するためです。ここから建物の向きに対して斜めに座るQBハウス独特の座席の配置も考えられました。そして、何よりこれだけの準備期間をかけられたのは、小西さんに歯科医院に向けた不動産物件の仲介事業や、機器リース事業という本業での収益があったことが挙げられるでしょう。

こう見るとQBハウスの場合、戦略そのものの周到さ以上に、事業立ち上げ段階のリスク軽減の工夫に秀逸さを見出せます。なお、歯科医院に関連する商社と理髪店事業の間には接点はなく、まさに多角化の典型例です。

百年企業・千年企業の「選択と集中」であれ、初期ＱＢハウスの「多角化」であれ成果は出ています。言ってしまえば、どちらでも良いのです。むしろ重要なのはゴーイング・コンサーン、つまりすべての意思決定と行動が「企業を存続させる」という前提の上に立っていることです（一般的には表題の「事業継続の前提」よりも「企業継続の前提」ということが多いです）。この点の合意がないと、本書がいうところの戦略は不要かもしれません。また、戦略を立てるとしても構築する結論が大きく変わってしまう恐れがあります。

なお、アメリカのビジネススクールの教科書（例：Barney, 2002）では、企業の存続期間を戦略のパフォーマンス指標として用いることには否定的です。その理由を３つ挙げると、①前述の「戦略的破産」があるのだから単に存続期間だけで評価できないという理由、②企業が長期間存続しても内実として事業内容が変化している場合があるという理由、③いま日本で問題視される、事業改善のめどがないのに公的融資で成り立っているような「ゾンビ企業」が延命していれば良いのかという懐疑の3点からです。

これら3つの理由の内、「戦略的破産」についてはアメリカと日本での企業観の違いとして「戦略的破産」を是とする立場がアメリカにあることを解説しました。２つ目の企業存続中に事業が変化してしまう可能性がある問題については、確かにその通りです。ただ、本書では焦点を事業戦略に当てていますので、ここでは事業単体としての存続期間を考えれば良いでしょう。３つ目の「ゾンビ企業」の問題については、次に戦略構築の前提として挙げる「経常利益の追求」を考慮できていれば、このような間違いは生じにくいと考えます。

2–3 戦略を必要とする条件②経常利益の追求

戦略構築にあたっての2つ目の前提についてです。最近は、物価上昇に対して給与が上昇しづらい問題の中、労働者への労働分配率と株主への株式配当のバランスについて議論されています。この話は企業の利益をどう配分するかという話にもつながってきます。ここでいう「利益」を、もう一段厳密に定義しないと戦略の策定にも影響を及ぼすかもしれませんので触れます。企業会計上の主な「利益」には営業利益、経常利益、純利益があります。詳しい方であれば「EBITDAなどもあるよ」という人もいるかもしれません。

この内、戦略策定で重視する利益は、どこにあると考えるのが良いでしょうか?先回りして答えをいえば経常利益です。経常利益とは、通常の事業活動全般からの利益です。「通常の」というフレーズが「経常」という言葉に対応します。逆に「通常ではない事業活動」が何かというと、予測不可能なことや突発的なこと、つまり、コントロール不可能な話です。当たり前かもしれませんが、戦略は「事業のコントロール」を目的としており、戦略作成する人の市場や自社の見通しに基づいています。「コントロール可能なことに意識を集中する」というのが、経常利益に着眼する理由です。

また、経常利益の定義を言い換えると企業の営業活動による利益である営業利益に対して、保有する不動産の家賃収入や、補助金などを加え、借入金の支払利息などを差し引いたものです。「補助金」というと、事業から遠いイメージをもつ人もいるかもしれません。しかし、例えば、さきの新型コロナウィルス感染症直後の決算では、補助金を受けて経常利益ベースで収支をもちこたえた飲食産業やエンタテインメント産業の企業がありました。

経常利益は継続事業の前提と連動します。事業存続のためには営業利益だけでなく経常利益まで見通す必要があります。コロナ禍の緊急事態下、とりあえずは経常利益ベースでどうにかもちこたえられていれば、ポストコロナに希望をつなぐことができました。逆に経常利益から事業外収益や税金までを足し引きした純利益を指標とすると、戦略が及ぼす影響からは遠ざかってしまいます。

なお、経常利益を前提とした際の反論として、最近ではAmazonなどの巨大ＩＴ企業が租税回避の目的のほか、将来にわたる優位性確立のために、研究開発や設備投資などに費用を投じ利益をあえて出さないでいるのではないかという指摘があり得ます。これに関しては、時間軸の長短の問題であると考えられます。研究開発や設備投資が一巡すれば、「投資回収」のフェーズに入り、投資開始からの期間累計での経常利益の水準を評価することになるでしょう。

また、非営利組織は経常利益を追求する組織ではありませんが、財団法人をはじめ積み立てている財産が無くなれば持続可能な活動はできません。非営利組織の場合、事業体ごとに法律や会計の方法が異なります。

経常利益に相当する指標を見出せば良いでしょう。

なお、企業会計を事業のパフォーマンス指標として考えることについて、アメリカのビジネススクールの教科書（例：Barney, 2002）は、端的にいうと次のような限界点を指摘します。①経営者の裁量で特定の会計項目を「操作」できる点、②経営者が短期利益重視に陥りがちな点、③無形資産の評価が考慮されていない点です。

ひとつめの会計項目の「操作」の問題については、今日の日本でも相当に改善が施されてきています。完全な状況ではありませんが、過去に生じた問題は改善されているといえるでしょう。経営者の短期利益重視の問題については、さきの前提である「ゴーイング・コンサーン」とセットで考えれば、その動きを抑制できるでしょう。無形資産の評価の問題についてですが、無形資産の正確な評価が問題になるのは、投資収益率の計算においてです。無形資産の正確な評価は、ここで検討している経常利益とは直接の関係がありません。

利益に関する数値の他にも会計数値を基に提案された経済学的指標は複数存在し、研究は進んでいます。しかし、実務上で注視しやすいのは会計指標であり、経常利益は日本企業にとってなじみ深いものでしょう。

なお、投資家の視点に立てば戦略構築上、投資収益率を考慮しないのは問題視される点です。ただ、これは「本書の戦略構築にとって投資収益率の向上は必要条件ではない」という程度の意味であり、組織が投資収益率を重視するのであれば、それを条件に付け加えて戦略を検討しても良いでしょう。一方、非営利組織の場合は、出資者への配当の観点が無いため投資収益率の観点もありません。本書は戦略構築をサポートするための説明として、必要な知識を最低限とする便宜を考慮した結果、経常利益に着目しました。

2-4

2つの条件は価値と切り離せない

本書での戦略の前提を2つお話しました。戦略に対してある種の「サイエンス」を期待していた人には、価値の話が混じることに戸惑いを覚えたかもしれません。しかし、戦略はどこまで行っても価値の問題がつきまといます。究極的には論者の数だけ戦略があるともいえます。

ただし、日本語で提供する本書では多くの人、特に日本人が了解できそうな価値を基礎としました。価値は人間が長年にわたり歴史を積み重ねてきた中で最善だと感じるものです。その意味では歴史の審判を受けてきた知見とは、いえるかもしれません。

本書の冒頭で、執筆の最初の動機を述べました。ここでは、次の章への橋渡しとして私自身が、なぜ大学教員に転身したのかを少しお話します。当初、私は大学教員になるつもりはありませんでした。そのきっかけは大学院博士後期課程の入試面接で面接官の先生から大学教員のキャリアの可能性を提示されたからです。さらに大学院進学の動機までさかのぼりますと、私は企業内起業をしていたのですが、自分が関わっていた事業が一通り完成した直後に、今後について模索していたからでした。

従来関わっていた音楽事業だけでなく、どのような事業でも対応できるセオリーが分かれば良いのですが、ここまででもお話してきた通り、そのような「サイエンス」はありません。しかし、収集したデータを収集して分析することで、個々の事業の傾向性を知ることはできます。仮にこれを「自分理論」と名付けると、MBAではなく、博士後期課程で本格的に「自分理論」の作り方を学びたいと考えたのが、入学のきっかけでした。

大学の経営学部やMBAまでの学びをひとことでいえば、学者が作った理論を学ぶことです。「守破離」の比喩でいえば「守」に当たります。この過程がないと、経験のみに頼った支離滅裂なことになる恐れがあるので大事なステップです。かといって、これらをそのまま適用して、ビジネスがうまくいく保証もありません。

理科の実験であれば、微細な実験環境の違いで結果が大きく変わってしまうのは、学校で体感していると思います。一方、経営学の場合は、人と人との関わり合いなどの要素があるため、さらに理論は不安定なはずですが、ビジネスとなると失敗が許されないプレッシャーからか、理論を妄信してしまう人もいます。

近年はビジネス書を中心に毎年のように様々な「〇〇戦略」という名の理論が提案されており、私たちは情報の洪水のただ中にあります。ただ、これらの戦略は羅列して紹介され「どれを使うかはあなた次第」と言われるか、よくて時系列に並べられるだけで、相互の関連性が分かりにくいです。

まずはその内容を知る前に、各理論の位置付けを踏まえれば、どのような時に、どの理論を使うかが明らかになってきます。そして、そのための最初の道しるべをお届けしたいと考えたのが、次章の目的であり、本書執筆の第２の動機でもあります。

3.

戦略構築のためのメタ認知

3-1

戦略の分類

　ここまでで戦略に関するいくつかの前提を話してきました。次に戦略を組み立てるに当たり、世の中の戦略の全体像を示します。というのも本章のタイトルにある「メタ認知」として、戦略の全体像が念頭にないと、人は経験則などから偏った戦略の発想しかできなくなる恐れがあるからです。

　ただし、繰り返しになりますが、ここでは「過去に一定の数の企業を調査した結果、共通点があった。その結果、このような結果が出た。だから、こうすべき。」という形式での説明を取りません。この説明は一見「科学的」に見えますが、本書は成功法則を示すのではなく、有効な戦略を立てる手立てを提供することが目的だからです。

　戦略について改めておさらいしますと、企業の戦略をみるときの視点に着目する必要があります。そして、視点を基に戦略を分類すると戦略は経営戦略と事業戦略に分けられます。経営戦略を改めて端的にいえば、「ヒト・モノ・金などの経営資源をどこに配分するか?」の意思決定です。どの会社でも、経営戦略が対象とする人事や投資の最終決定をするのは経営陣ではないでしょうか。

　もう一方の事業戦略は「特定の事業領域で何をするか?」についてのシナリオです。事業戦略に資源配分の話がつきまとうこともありますが、投資について事業部長が一人で意思決定するようなシチュエーションは想像しづらいと思います。もし事業部長が意思決定に加わるとしても、経営者との相談で決めていくものではないでしょうか。一方、事業部長は、部下の部課長とともに事業の方向性を議論し、事業戦略を決める権限と責任を担います。本書では、事業戦略について掘り下げます。ただし、文章の読みやすさを考慮し、以降は「戦略」とだけ記述している場合は事業戦略のことを示すものとし、経営戦略との区別を強調したいときだけ「事業戦略」と記すようにします。また、競争の観点を強調したいときは「競争戦略」と記すようにします。

　次に方向性の観点から戦略を分類します。こちらはマイケル・ポーターという競争戦略論で有名な学者が考えたもので、経済学的な分析をもとにした分類です。ポーターによると戦略は究極的に「コストリーダーシップ戦略」、「差別化戦略」、「集中戦略」に3分類されます。

　コストリーダーシップは、低コストに競争力を見出すものです。例えば、大量仕入れによる単位量当たりのコスト低減が可能とか、

経営戦略と事業戦略の関係

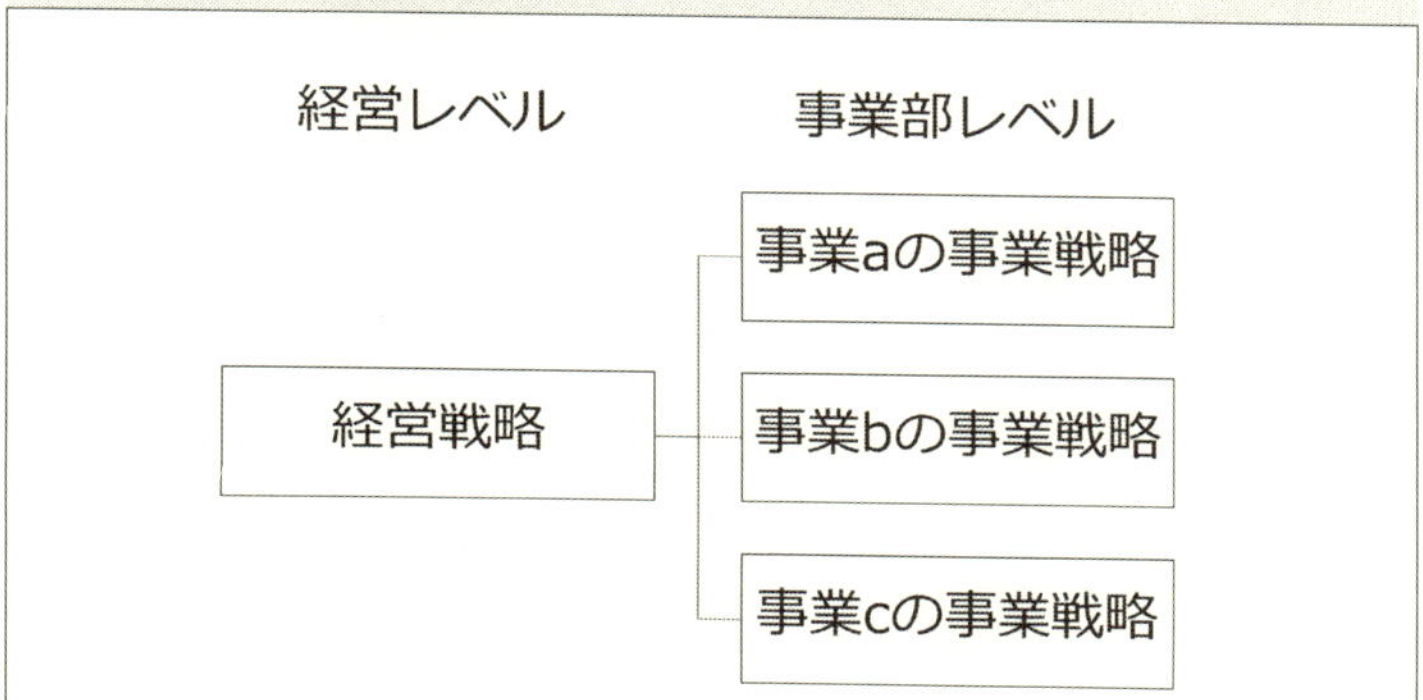

特別な技術によりコスト低減に成功しているとか、レストランが原産地に農場を保有し中間流通コストをカットしているという例です。実務では、この戦略を「低価格戦略」という言葉を使う人もいますが、低価格とコスト競争力があることはイコールではありません。コストを下げて中価格もあれば、場合によっては高価格で売れたら利益が大きくなるため、それに越したことは無いわけです。例えば、トヨタ自動車は「トヨタ生産方式」により在庫を無駄なく利用したり、製品開発段階から原価計画を作り行き当たりばったりで材料を調達せずに済むようにしたりして、コストリーダーシップ戦略を取っています。しかし、低価格戦略を採っているわけではありません。

なお、この戦略の名称は「コスト削減」戦略ではなく、「コストリーダーシップ」戦略という名称である点に注意する必要があります。つまり、「リーダーシップ」を取るぐらい競合よりも低コストの度合いが抜きんでている必要があります。競合と同程度のコスト低減では「戦略」になり得ないということです。近年では「コスト低減」というと、「失われた30年」における日本企業の望ましくない行動の典型例のように語られ、分が悪いです。しかし、ここでいう「コスト低減」とは、取引先への過剰な要求などによるものではなく、あくまでも競合が行っていない施策や、競合よりも優れた生産技術によるコスト低減を意味しています。

次が差別化戦略です。これは多くのビジネスパーソンが実務で使っている言葉です。本書では「違い」という言葉で表現してきました。ただ、「違い」は差別化戦略とイコールではなく、3つの戦略パターンの全てにあり得るものです。なぜなら、3つの戦略は違いを出している点では変わらず、そのポイントが違うように過ぎません。では、差別化戦略では、どのようなポイントで「違い」を出すのでしょうか。それは、消費者が商品やサービスを通じて得る「うれしさ」の源泉、つまり価値を差別化します。

低価格だが差別化できておらず、消費者からの支持を得られなくなった例を挙げると差別化の重要性が分かります。それが、かつてのディスカウント・ストアでした。1970年代に登場したディスカウント・ストア業態では、直接的にいえば「安かろう。悪かろう」なモノを仕入れ、それを安価に販売するスタイルが主流でした。つまり、商品差別化の観点や技術はなく、同質的な商品を安く売る業態でした。そこに目を付けたのが、創業当時のドン・キホーテです。

創業者の安田隆夫さんによると、創業の経緯は大学卒業後に職を転々としスキルが身に付いていない自分を振り返った結果、唯一自分にできることがバッタ屋から商品を購入し小売販売することだったそうです（安田、2015）。今では商品ディスプレイ、商品入荷方法、店舗のマネジメントのお手本として取り上げられることが多いドン・キホーテですが、創業の経緯は「ないないづくしでもできる事業」という理由からでした。

安田さんの創業当時は百貨店やGMS、当時まだ反映していた個人経営の小売店と比較した時にディスカウント・ストアでも価格面での差別化は、できていたため、一定の顧客をつかんでいたのです。店員を雇うほどのお金を支払えなかったため、安田さんは仕事がはかどらずに深夜まで働きづめだったそうです（安田、2015）。このような事情で、たまたま深夜に店を開けていたところ、商品を求めるお客様からの要望を受けて深夜の商品需要に気づきました。ナイト市場に活路を見出したのです。

ところが、2000年代からニトリやユニクロなどの製造小売業や家電量販店が躍進して、価格だけでなく質も充実した専門業態のストアが全国展開し始めると、ディスカウント・ストアの多くは唯一の「安価」という「違い」の源泉を失い、消滅しました。つまり、低価格という意味の差別化だけでなく、価値を体現する商品の差別化も必要とされるようになった時代の流れに対応できなくなりました。その中でドン・キホーテだけが発展しました。なぜ同社が時代に対応できたかについては、また後ほど述べます。

最後は集中戦略です。「ニッチ戦略」ともいいます。英語のニッチ（niche）を和訳すると「すきま」という意味ですので、「すきま産業」という人も多いです。集中戦略をひとことでいえば、「すきま」と呼ぶぐらい小さな市場で生きていくことを覚悟する戦略です。例えば、市場全体の衰退が明らかで競合も減りつつある「レコード針市場」、製造数を絞ることにより稀少性という商品価値が出る「スーパーカー市場」などがすきま市場といえるでしょう。これらの場合、将来の売上成長は、あまり見込めません。

そして、スーパーカー市場の自動車メーカーはテレビCMなど、幅広い人々に向けた広告を出稿しません。ディーラーの営業パーソンがお得意様に個別に販売する形態を取ります。場合によっては、消費者が商品を欲しくても生産数限定により買えない場合もあります。

これはスーパーカーのメーカーが中古車市場までを見すえているからです。新車販売を増やすと、ユーザーは資産価値のあるスーパーカーをとりあえず買っておき、飽きたらどんどん中古市場に売却する行為が横行するでしょう。このような状態になると、中古車が値崩れを起こして新車との値差が開きます。

人間は割引商品を購買するときに、正規価格との差異の分だけ「取引価値」を感じることが明らかになっています（Staelin, Urbany, & Ngwe, 2023）。新車と中古車の値差が開くと、新車ではなく中古車購入の動機付けが強くなり、新車が売れなくなる恐れがあります。このようにスーパーカーのメーカーは、「売りたくても売れない」状況に置かれているのです。したがって、スーパーカーの営業では、新車を購入した後、大切に使って下さるお客様を見きわめて営業するのが合理的です。

集中戦略の多くは、大手ではなく中小企業が取っています。ただ、誤解があってはいけないのは、ニッチ市場に存在し続けるだけで企業が安泰ではない点です。この戦略を取る会社はニッチ市場に全社的に精力を注ぐことにより、複数の市場に勢力を分散して投入する企業よりも競争力があるから生き残れるのです。そして、集中戦略を採用した企業の競争力として典型的なのは、コストリーダーシップ戦略です（Porter, 1985）。あるいは、集中戦略においてニッチ市場の1カテゴリーの商品に勢力を投入しつつも、その中で商品バリエーションを増やしながら差別化戦略を採ることもあります。例えば、コンビニエンス・ストアでは、大手製パンメーカーが発売するようかんが安価に売られています。一方、集中戦略を取る観光地などのようかんメーカーが発売するようかんは高価格ですがバリエーションが豊富で差別化されています。集中戦略は他の2つと異なり、実際に戦略策定する上では、集中戦略というだけでなく、その方向性がコストリーダーシップなのか差別化戦略なのかまで明確にする必要があります。

これらの議論を基にすると、究極的には組織レベルでは事業戦略を、方向性としてコストリーダーシップ戦略と差別化戦略のどちらを選ぶかという決断が、本書でいうところの「戦略を考える作業」です。

なお、コストリーダーシップ戦略と差別化戦略のどちらを選ぶのではなく、両立の道もあるとの意見もありますし、そのように指摘する教科書もあります。ただ、戦略実践の観点からは、方針の軸足をどちらかに置いた方が、ステークホルダーの理解を得やすいでしょう。両戦略を取っているように見える典型的なパターンは、コストリーダーシップ戦略を採る企業が、自社独自の技術を用いてコストリーダーになると同時に、その技術方式が従来の技術よりも消費者に価値を提供している事態です。

例えば、テレビゲームの歴史の黎明期に任天堂の「ファミリーコンピュータ」は、小売価格1万円台

競争戦略の3タイプ

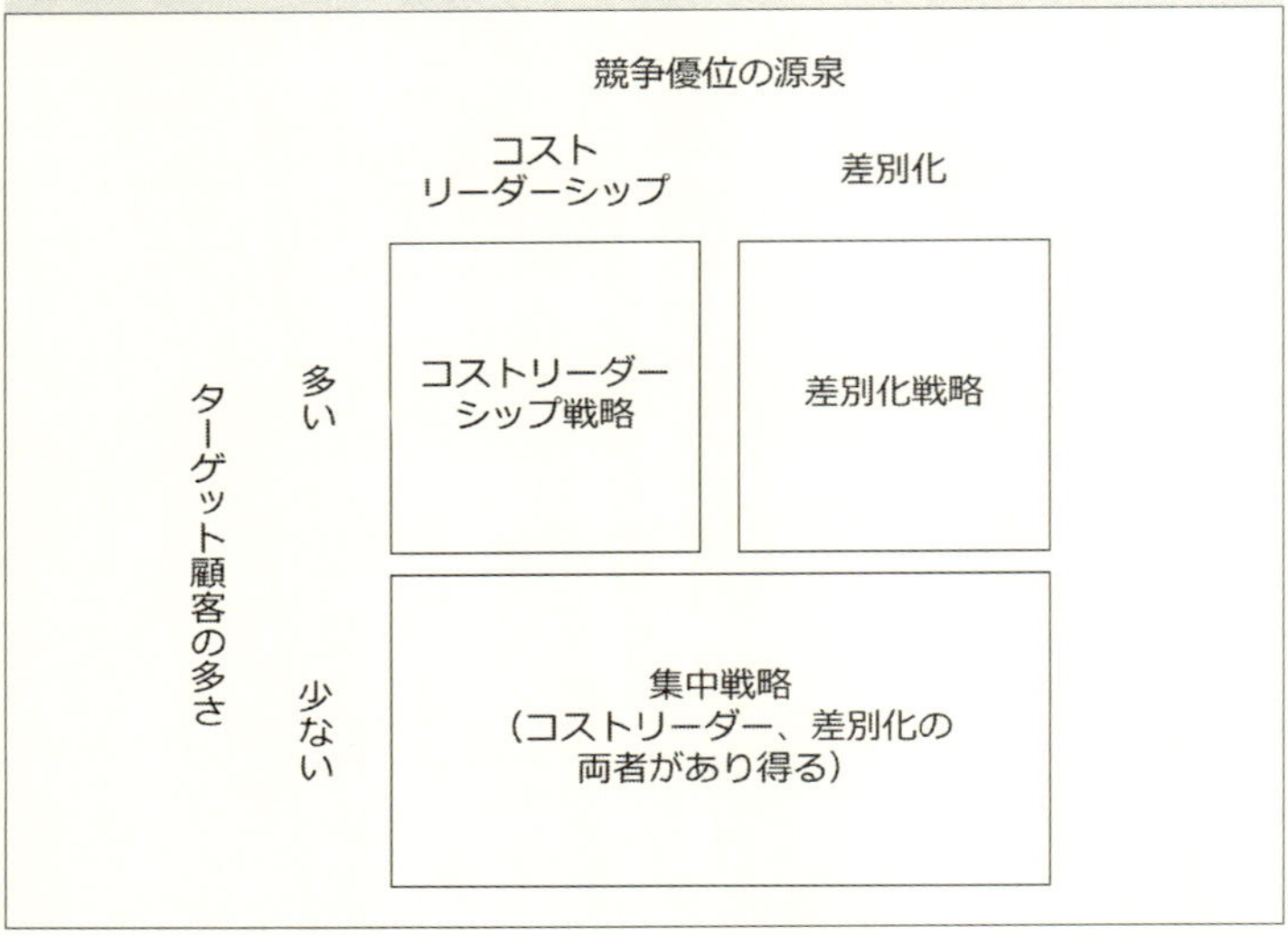

Porter（1985）, p.16を基に筆者作成

を目標に開発され、コストリーダーシップ戦略を採っていました（The社史、n．d.）。ゲーム機の性能を上げる方法は当時から様々にありましたが、それでは目標額にコストが収まりません。そこで、画像処理だけは当時として高性能機並みとし、他の性能は必要な水準に留めました（The社史、n．d.）。通常、開発者は自分の思うようなゲームを実現するために「性能を高めたい」と思いがちですが、コストと性能のバランスを冷静に判断したのです。その結果、過剰も不足もない適度な性能の商品としてファミリーコンピュータを上市できたのです。

戦略やマーケティングの教科書で任天堂が事例に挙がるときは、ソフトウェアの充実のために任天堂が他社発売のソフトウェアの監修を行った点など、ソフトウェアの戦略に焦点があたりやすいです。ただ、その後の任天堂でヒットしたゲーム機も含めてみると、ソフトウェアの充実とともに、グラフィック表現が抜きんでるか、競合からの劣位が解消されたハードウェアが商業上の成功を収めています。

教示めいた話が続きましたが、この部分は戦略を作ろうとするとブレやすい点です。要点を頭に入れていたつもりで作成した戦略プランをみたら、いつの間にか「低価格戦略」と言ってしまいがちです。

3-2

戦略と組織の相性

組織で作る戦略には「違い」が必要であることを、ここまで説明してきました。次に考慮したいのが、いかに優れた戦略のシナリオがあっても、それを実現するコストや組織としての能力が見合っていなければいけないという点です。

マイケル・ポーターの戦略論は、企業が取り得る戦略のポジションに着目（ポジショニング派）していたのですが、それに対して企業の組織能力が重要という立場（ケイパビリティ派）があります。両者の立場が激論を交わしながら、現代では「両方とも大事だよね」という意見と、「いやどちらでもなく先が見通せないVUCAの時代では、ひたすら仮説を現場で試して素早く経営環境に適応すべき（アダプティブ戦略）」という意見が優勢になってきました。アダプティブ戦略は「行動計画」としての戦略というより、経営環境に適応するための「行動指針」の色彩が強いです。

これらの立場はすでに多くのビジネスパーソンが知っている言葉に置き換えられます。ポジショニングとケイパビリティの「折衷」派は「ブルーオーシャン戦略」、アダプティブ戦略は「A／Bテスト」です。

ブルーオーシャン戦略が「折衷」派であるのは次の理由からです。ブルーオーシャン戦略では「戦略キャンバス」というチャートを作り、いくつかの顧客にとっての競争の要因を挙げ、各要因での競合との相対的な高低をプロットします。このチャートをもとに競合では高めているが顧客は求めていない要因は削り、逆に顧客が求めているのに競合では実現されていない要因の水準を高くして、その実現を考えるというのが戦略作りの主な手順です。QBハウスでいえば、削られた競争の要因は店員さんとのコミュニケーションや、洗髪での爽快感、加えられた要因は散髪時間の短縮（時間の創出）です。そして、散髪時間の短縮化のためには、洗髪やひげ剃りなどの工程をカットするだけでは不十分であり、会計は券売機を通じた先払いとしたり（混雑時は待ち時間に会計を済ませられる）、洗髪をなくす代わりに「エアウォッシャー」という掃除機を導入したりして、顧客の衣服に付いた髪の毛を素早く除去する仕組みを作りました。これらはポジショニングに関する話ですが、多くのブルーオーシャン戦略を紹介する本や資料の解説はここで終わっています。

しかし、実際のブルーオーシャン戦略の教科書では、実行段階での従業員への戦略定着についても示唆しています（Kim & Mauborgne, 2015）。この辺りは組織能力に配慮した結果と捉えられます。ただし、ブルーオーシャン戦略では、ポジショニング（競争の要因の内の重点項目）とケイパビリティ

ポジショニング、ケイパビリティ、アダプティブ、「折衷」派の関係性

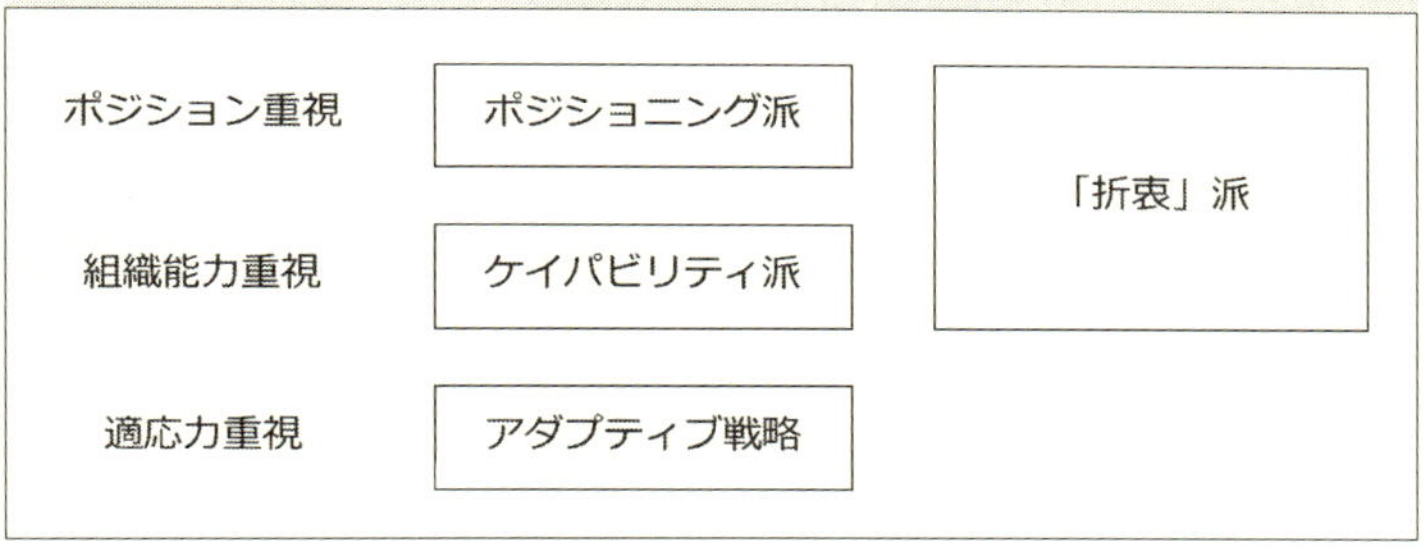

（組織への展開）のプロセスに直接のつながりがありません。また、ブルーオーシャン戦略の策定から実行の過程をみると、ポジショニング重視の戦略を「エリート」が作成し、その戦略をどう組織メンバーに「落とし」込むかという前提で展開しており、日本の組織観や業務実態とは、やや異なる隠れた前提が伺えます。

アダプティブ戦略に位置付けられるA／Bテストは、ウェブ広告のデザインについてA案とB案２つの案があった際、どちらを選択するかを議論で決めるのではなく、実際に広告を掲載してその計測結果の数値で決めるという発想の実験手法（テスト）です。近年では、デジタル広告での最適な広告クリエイティブの選定は自動化されていますので実務上あまり意識しなくなりましたが、これを人間の行動にも適用するわけです。

QBハウスの戦略キャンバス

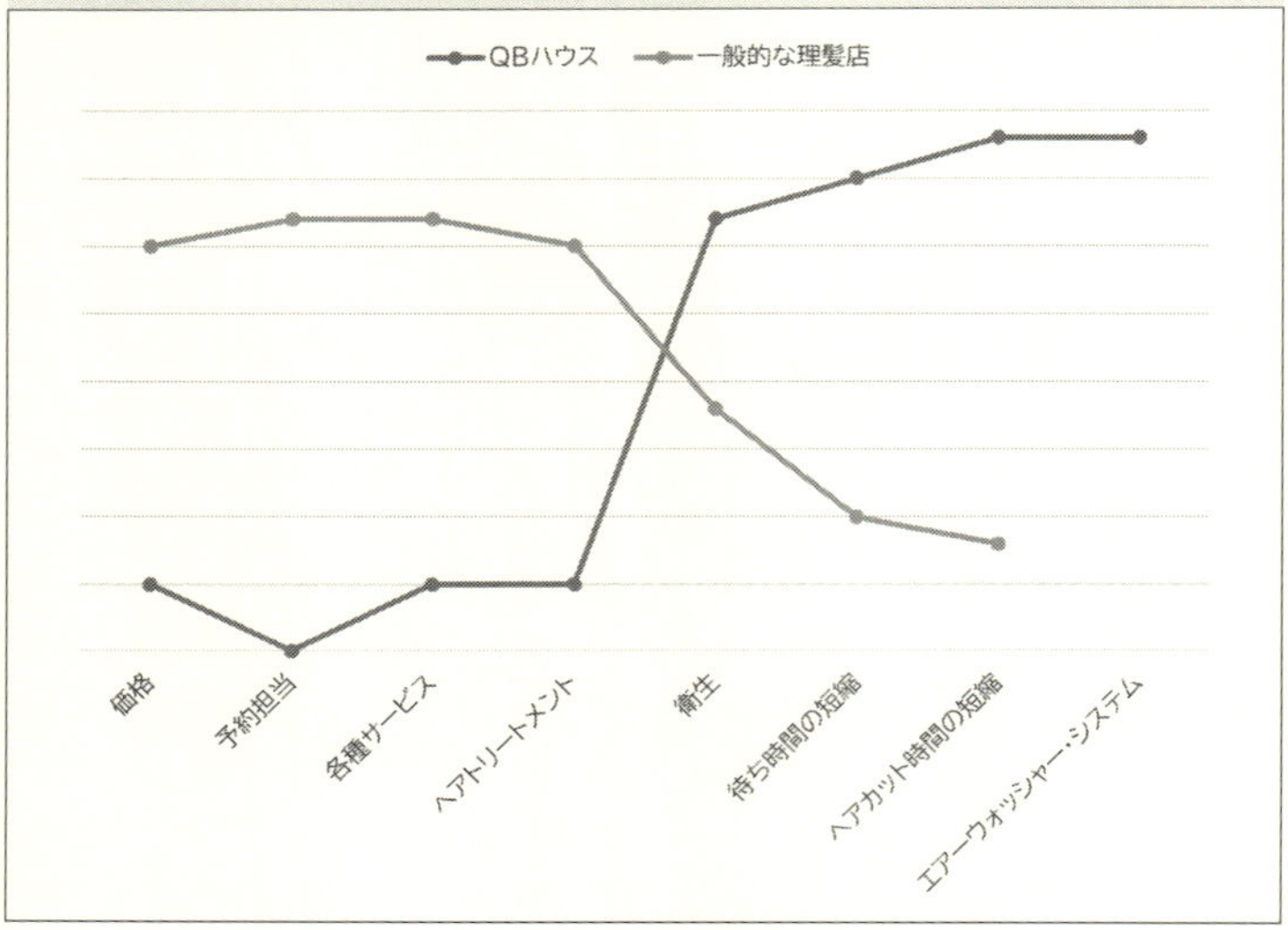

Kim & Mauborgne（2015），p.128を基に筆者作成

今後もバズ・ワードのように「○○戦略」が出現するかもしれませんが、ポジショニング、ケイパビリティ、アダプティブの3つの軸足を基に考えれば本質がつかめるはずです。これらは結局のところ、どれかだけを優先（逆にいえば、どれかをないがしろに）しても良くないものです。あまりにも極端な主張には注意した方が良いでしょう。

3-3 戦略の表現方法

これから、本書としての戦略の組み立て方の話に移っていくのですが、そもそも戦略はどう表現したら良いのでしょうか？冒頭でも述べました通り戦略の教科書には、「SWOT分析」などのフレームワークは掲載されており、戦略やフレームワークの大全的な本もあります。しかし、これらのフレームワークをどう組み合わせたら良いのか、あるいはフレームワークから戦略にどうジャンプしていくのかを具体的に記した書籍は、ありません。

実際、ビジネススクールの名門「ハーバード・ビジネス・スクール」のケネス・アンドルーズ教授のSWOT分析を用いた授業には、このような逸話があります（三谷、2013）。アンドルーズ氏の授業は学生から大人気だったそうです。1企業の事業を分析しディスカッションする授業の中でSWOT分析における強みや弱み、機会や脅威を学生が語ります。そして、学生の議論が拡散したタイミングで、アンドルーズ教授が巧みな話術でＳＷＯＴ分析から斬新な戦略を語るのです。しかし、授業が終わり教室を出た瞬間、学生はＳＷＯＴ分析を基にどう戦略を組み立てれば良かったのか肝心な部分が分からなくなるのです。アンドルーズ教授は、この「ジャンプ」を初めから「アート」だと考えていましたが、学生はそうは捉えていなかったというわけです。

誰もが簡単に実際の企業の戦略資料に触れられるのは上場企業のウェブサイトでしょう。そこには中期経営計画などのＩＲ資料で戦略をみることができます。その多くはプレゼンテーション・ソフトで作ったと思われるものであり、美しいビジュアルで彩られた数十ページほどの分量の内容です。「ＳＷＯＴ分析」などのフレームワークをそのまま利用している資料は、あまり多くはみかけませんが、外部環境と自社の強みを記した上で、戦略を売上などの量的目標と一緒に示しているものが多く、その影響を見て取れます。

ただ、戦略資料を作る会社の内部に目を転じると、資料作りに費やす時間の多くは目標となる会計数値の作成に9割方の労力が投じられているようです。企業グループ会社（子会社）から数年後までの売上・利益の予測を作ってもらい、それらを連結会計として合算し、経営陣が思い描く成長率よりも低ければ、グループ会社に差し戻しして…といった作業の繰り返しです。このような作業を繰り返す内に、戦略資料は証券取引所が求めるルールにしたがうための「作業」に堕していくような感覚を覚えます。

一方、経営者からは、物語仕掛けの面白い戦略を口頭で聞くことが多くあります。学者や記者として論文やメディアに掲載する記事などにまとめるために経営者の話を聞く立場だけでいえば、このような機会は大変楽しく有意義です。ただ、言葉だけの戦略は実行部隊の立場になると実現方法に悩み抜くことになります。ベンチャー企業では「COOはCEOの代弁者」とも言われますが、このような言説が生じるのは経営者が口頭で語る物語を具体に落とし込んで伝えるのが、いかにむずかしいのかという事実の裏返しではないでしょうか。

私は、これらの中間ぐらいの程よい世界は無いのかと考えました。つまり、戦略作りが目標数値作りにすり替わらず、かつ、できた戦略は誰もが一定の具体性をもって情報共有できるものにできないかと。

例えば、ブルーオーシャン戦略に関する解説書を読むと、戦略のシナリオ作りのイメージがいくらかは付きます。しかし、ビジネスプランを構想してもらう授業をする中で、気になるのは戦略キャンバス作りです。まず、「競争の要因」をどこに置くかの方法が示されていません。また、競争の要因は、いくつ作ったら良いのか?これらを何段階で評価すればよいのか?「人それぞれ」、「会社それぞれ」という答えが用意されているかもしれませんが、少なくとも競合と自社で比較する際の相対基準が分かりません。

また、仮に競合との相対的評価ができるとしても、人間はどこまで自分を客観視して、競合と自社の価値のレベルを評価できるのかという疑問は最後まで残ります。ここでは一例としてブルーオーシャン戦略を示しましたが、他の「○○戦略」でも同様です。

このような状況を踏まえ、本書での戦略策定の基本方針は過去の戦略理論に基づき、戦略のもつ前提を明確にするものです。戦略の前提は、戦略策定の足がかりにもなります。ただ、もうしばらく戦略を作るにあたり、戦略策定で陥りがちな話にお付き合いください。

3-4
「非競争」発想のアンラーニング

戦略やマーケティングに関するビジネス書では、「非競争」を強調する主張が沢山目につきます。転職エージェントの知り合いに聞くと、ビジネスパーソンの本音の転職理由で多いのが「仕事に疲れた」という理由だそうです。

その是非は別として、ここでの「疲れた」という言葉の背景にはいくつか要因があり、まず、ひとつには文字通り「多過ぎる仕事に疲れた」という意味です。もうひとつ多い要因は出世競争などの競争に疲れたという意味合いです。このように一定数の人にとって競争は苦痛なものです。ビジネスパーソン向けの書籍のマーケティング観点から「非競争」は、共感されやすい言葉になっているのだと思われます。

もちろん、無意味な疲弊する競争もあります。価格競争は巻き込まれたくない競争の代表例でしょう。しかし、バズ・ワード化した「非競争」は注意深く考察する必要がありそうです。そもそも「(他に市場参入者のいない）有望な非競争の市場」と、単に「需要がないから競合が参入していない枯れた市場」とを市場参入前に見分けるにはどうしたら良いのでしょうか。

先に競争を市場環境の観点から述べました。ただ、それらの区分方法は自動車市場、ディスカウント・ストア市場など特定の商品やサービスにおける参入企業を基準にしたものです。しかし、戦略構築にあたっては「代替品市場」や「代用品市場」への目配りも欠かせません。

代替品市場との競争の典型例は音楽プレイヤーです。iPhone出現以降は音楽を手軽に聴けるスマートフォンがあるため、音楽プレイヤーを所有する人が一定数減りました。しかし、iPhoneが発売される以前の音楽プレイヤー・メーカーは、携帯電話市場を自社が向き合う市場だと考えていなかったはずです。このように代替品市場は、その名の通り、代わりになるものの市場です。消費者による代替の理由は①価格によるもの、②利便性によるもの、③法によるものが挙げられるでしょう。なお、ここでいう「法」とは国家が作る法令だけを意味してはいません。

これらの具体例を見てみます。かつて、年賀状の作成といえば理想科学工業の「プリントゴッコ」という簡易印刷機が多く使われていました。2012年に販売を終了したので（理想科学工業，n.d.）、まったく商品の存在を知らない人がいるかもしれません。

それはさておき「プリントゴッコ」が発売された1977年当時、この商品は年賀状を作成する用途を中心とした木版画の代替品になりました。当時は比較対象としてのパソコンはありませんでした。したがって、プリントゴッコは木版画よりも大量に印刷できる利便性における代替品でした。時代が下り、1990年代になるとパソコンによる年賀状印刷が普及し始めました。しかし、この段階でのパソコンは高価かつソフトウェアの操作方法が今より煩雑でしたので、プリントゴッコは利便性に加え価格面で代替品になりました。そして、パソコンによる年賀状作成が容易になった現代に、その役目を終えたのでした。この例から代替品の意味合いは、時代により変わっていくことが分かります。

法による代替品といえば、パチンコと、ガチャのあるスマートフォンゲームの関係性が考えられます。具体的に両者の代替性を示した文献にたどり着けませんでしたが、この界隈の実務家の間では両者の代替関係はよく語られる話です。パチンコは1990年代半ばから射幸性を下げる内規などの改正を数年に一度繰返しています。例えば、2015年には大当たりの確率の下限値や、「当たり」で獲得できるパチンコ玉の期待値を下げる動きがありました（株式会社ジャパンニューアルファ、n．d．）。スマートフォンゲームのガチャについても、その黎明期の2012年にゲーム内で複数の絵をすべて揃えると、稀少性の高いアイテムを得られる「コンプリート・ガチャ」が問題視されたことがありました。コンプリートするまでに高額課金を要し、子供が親のクレジットカードを無断で利用する問題が起きたからです。しかし、その後、ゲームメーカー側の自主規制があって事態が沈静化した結果、今でもガチャはスマートフォンゲームの課金手段として存続しています。スマートフォンゲーム市場自体に一時期の過熱感はありませんが、一大産業として確立しました。

3-5
「マーケティング」発想のアンラーニング

話を戻しますと、「非競争」の世界は果たしてあり得るのかという疑問でしたので、その解答に迫りたいと思います。結論からいえば、後に具体例を紹介する特別な背景をもつ企業ではない限り、特に「ゼロイチの起業」においては「非競争の存在を考えない方が良い」が解答です。

マーケティングに関するビジネス書や教科書では一様に、一定の顧客基盤が見込めるサイズで市場をセグメンテーション（分割）し、ターゲット顧客を設定するよう教えます。一方、実務では「この顧客基盤が見込めるサイズ」に関し、議論が起こりがちです。そこに「非競争」の世界や「ブランド力によって唯一無二のポジションを作る」という話があると、飛びつきたくなる気持ちも分かります。

しかし、これらの考え方では施策と効果の因果がはっきりとしません。もちろん、これらの考え方で絶対に成功しないというわけではなく、資金潤沢な組織の中でチャレンジできれば、すれば良いでしょう。ただ、多くの人の生活がかかっている組織の戦略のメインに据えるには一考を要するということです。

先に事例紹介したＱＢハウスがメディアで取り上げられたときには、「理髪店の座席に長時間じっと座っていられない子供」や、「もともと髪を切る必要がない坊主の人」の需要を取り込んだという主旨の説明がなされました。近年ではビジネスプラン・コンテストの応募者へのアドバイスで「ペルソナを具体的に」というアドバイスも見受けられます。これらの情報に接しているためか、商品やサービス企画時に最初からペルソナを想定する例があります。言葉の解像度を高める心がけは素晴らしいのですが、どのような時にペルソナを用いるべきかを考える必要があります。

例えば時計の針をＱＢハウス創業前に巻き戻し、ペルソナ的な発想で「子供向けの理髪店」や「坊主向けの理髪店」からコンセプト設計を始めていたらどうだったでしょうか。「子供向けの理髪店」であれば「理髪店に託児スペースを設ける」というコストに見合わなさそうな発想、「坊主向けの理髪店」であれば「ターゲット顧客が少ないから成立しない」という結論で終わっていた恐れもあります。つまり、誰にでも平等に生じ、切実な課題である「散髪の時間短縮」という価値に気付けなかった恐れがあります。

マーケティングのセミナーや授業では「すべての人に向けた『マスマーケティング』が通用しづらくなった。だから市場を分割し、ターゲットを絞ってそのターゲット顧客にとって自社が一番価値提供できるようになることが必要だ」という文脈でセグメンテーションの重要性が語られます。

しかし、特に日本のような人口減少社会では、セグメンテーションした結果、そのセグメントにビジネスが成立するターゲット顧客が十分にいるか怪しくなってきている例も多いのが現状ではないでしょうか。ペルソナを使って具体的な人物像から物事を発想する手法は、確かに具体から発想をスタートするのでアウトプットを出しやすくなります。しかし、これは実際のビジネスで成功するか否かとは次元の違う話です。

コンセプト構想のスタート地点では、商品やサービスの具体に走らず、組織として提供できる価値を言語化することが最優先になるでしょう。そして、消費者調査をした結果、競合との相対的な優位・劣位のポイントが分かり、コンセプトを具体的施策に落とし込む段階になって初めてペルソナは有効に機能するでしょう。

4.

戦略策定のプロセス

4-1

戦略策定の全体像

では、いよいよ戦略策定に入ります。まず本書が目指す戦略構築の流れは次の通りです。

最初に事業の「コンセプト」として今考えている事業を「誰に」、「何を」届けるのかを決めます。ここでいう「何を」とは具体的な商品やサービスではなく、どのような「価値」、もっと平たくいうと、どのような顧客の「うれしさ」を届けるのかです。このコンセプトの実現のための具体的な方法として、競合にとって模倣困難な実現方法を検討します。これを戦略の心臓部としてコア・シナリオと呼びます。

コア・シナリオを検討できていれば、戦略として実際機能するはずです。ただ、コア・シナリオが本当に「コア（核となるもの）」なのかが重要です。その意味も込めて、「補強シナリオ」という考え方を用意しました。補強シナリオは2種類に分けられ、ひとつは、実践していればお客様が自動的に増えていくシナリオ、もうひとつは競合が自社の戦略を模倣するまでの時間を稼ぐためのシナリオです。補強シナリオの役割は、それ自身としての重要性もありますが、コア・シナリオとして作ったものが、実際は補強シナリオに該当していないかをチェックすることにもあります。むしろビジネスの知識がある人ほど、コア・シナリオを作っているつもりで、補強シナリオを作っているに過ぎない場合が多いです。また、補強シナリオは最初から絵図を描けているわけはなく、コア・シナリオの実践の中から立ち現れることも多いので必須ではありません。

なお、ここで内部環境や外部環境の分析がないことに不安を覚える方もおられるかもしれません。従来の戦略構築では「SWOT分析」や「ファイブフォース分析」に代表される「市場構造」や「市場環境」の分析が求められてきました。将棋の盤面を俯瞰した上で、駒をどう動かすべきかを考えるというわけです。しかし、実際の事業では将棋の盤面の前に座るよりも前に、目の前にある現実に主体的に関わり「将棋ではなくオセロで戦えないか?」、さらには「まったく違うゲーム盤を作り出せないか?」といった試行錯誤をしているのではないでしょうか。

戦略に関連するバズ・ワードとして「破壊的イノベーション」という言葉があります。言葉のイメージが先行し、何かを壊すか、変えねばならないという強迫観念に駆られて悩む人も見受けられるようになってきました。一方で「ブルーオーシャン戦略」の著者は、市場や雇用の破壊を伴わなくても創造的にビジネスが発展している事例に着目し、それを「非

コア・シナリオ戦略の全体像

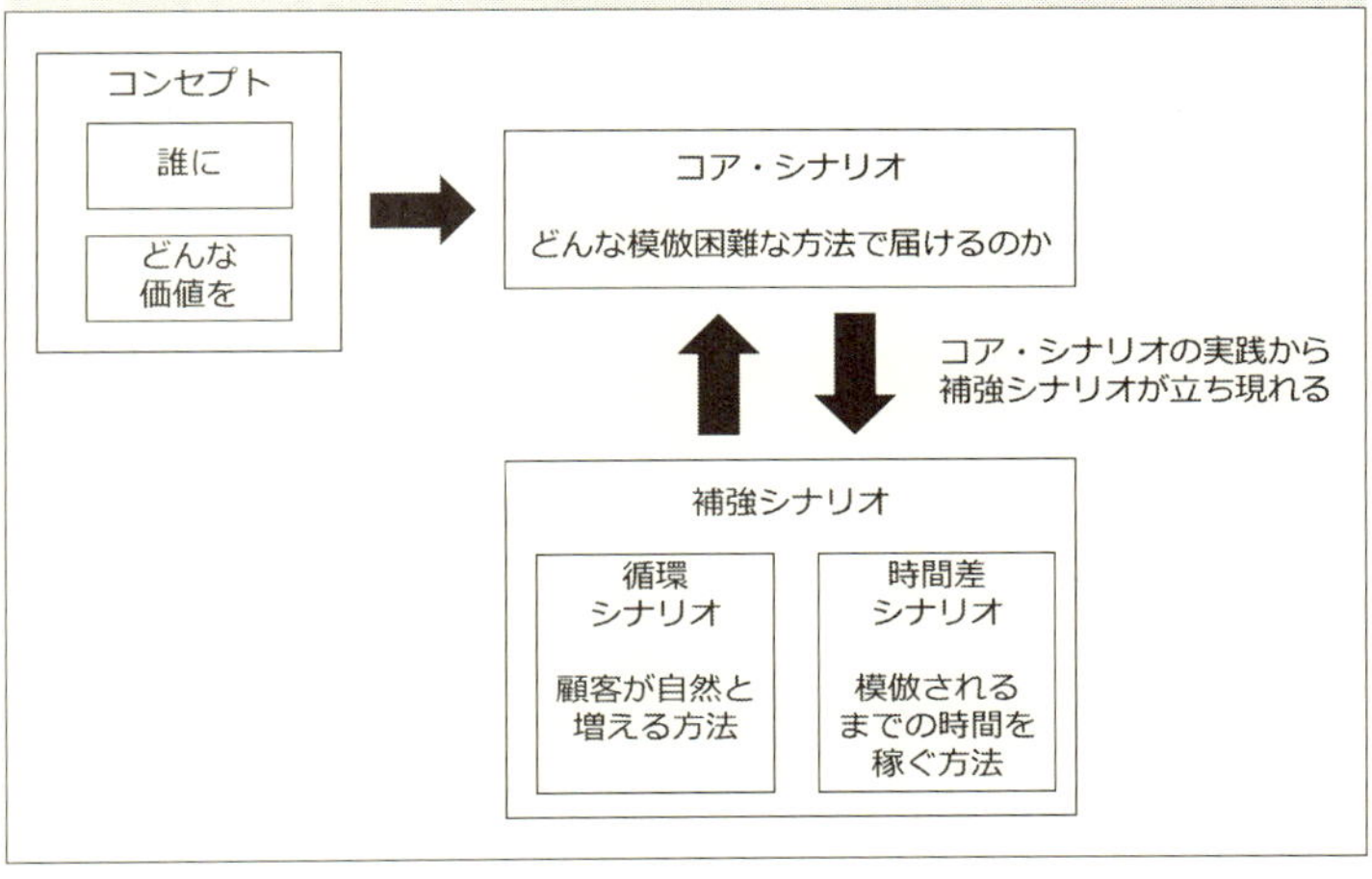

破壊的創造（nondisruptive creation）」と呼んでいます（Kim & Mauborgne, 2023）。環境や構造がどうであれ、主体的にできることを探索するというわけです。ただし、競合との違いを生み出す形によってです。

では、いよいよ戦略構築の方法を見ていきましょう。

4-2

プロセス①：ユーザーに提供する価値の策定

戦略を考えるにあたり、コンセプトの考案が先に立つと述べました。では、ここまで述べてきた「コンセプト」とは何なのでしょうか。

まず、具体的に戦略策定にあたってのコンセプトについては「ユーザーに提供する価値」と言い換えたいと思います。企業にとっての「あるべき姿」としてのコンセプトは「自組織のあり方を描く」、「自組織の経営者像や社員像を描く」など企業の数だけあり得ますが、事業戦略の観点で最も重要なのは顧客に提供する価値だからです。そして、自組織が顧客に提供している価値を感知するのは企業の広告や店頭に立っているだけでは、むずかしいものです。よくビジネス実務では「現場に入り込みましょう」という話がなされます。確かに現場にいると勉強になることは多いです。ただし、コンセプト設計にあたっては、現場をみると実現方法のむずかしさに直面し、無意識に視点がゆがむことがあります。商品やサービス提供者は作業しやすいが、顧客にとって無価値なコンセプトを発想してしまう現象が懸念されます。例えば、小売店を通じて製品を販売するメーカーにおいて、メーカーの営業パーソンが考えた事業プランが案外うまくいかない事例をいくつか経験してきました。それは卸や小売店に都合は良いが、末端の最終消費者にメリットがないというプランだった場合です。

このようなケースに陥ることが多いため、あえていえば、最初は現場を見ず消費者として考えれば良いと思います。このような前提で出されたコンセプトは経営者から見ると「事業の実態を知らずに生意気な」という声が出がちですが、ここはぐっと言葉を飲み込んで頂くか、このプロセスはコンセプト設計者の実務レベルで進めるのが良いかもしれません。

4-2-1

コンセプト策定①：事業価値を提供する相手を決める

戦略コンセプトを作るにあたって、まず必要なのが事業価値を提供する相手を決めることです。ここで改めてお伝えしたいのは「誰に」については、前章で議論した通りーケティングの「セグメンテーション発想」から考えるものではないという点です。

マーケティングでよく出てくる用語に顕在需要と潜在需要があります。私が大学教員になりたての頃、用語解説をした上で「『顕在需要』の例を挙げてください」とマーケティング初学者の学生に聞くと「空腹」という回答がありました。求めている回答とズレているのですが、設問設定のむずかしさと、設定した設問の稚拙さを反省しました。

しかし、いざ実務に着くと、このような発想をしてしまう例は沢山あるのではないでしょうか。「アニメが流行っているからアニメ市場参入」、「高級食パンが流行っているから高級食パンのフランチャイズに加盟する」など。

そうです。いくら需要があると言っても、あなたの商品、あなたのサービスを欲しがるかは別問題なのです。戦略を構築するための「誰に」を考えるにあたり重要なのは需要のベクトル（方向性）です。

空腹であれば、がっつり食べたいのか、ダイエットなどの要因により腹8分目で良いのかなど量的な問題もあれば、どんな食事で腹を満たしたいかといった質的な問題もあります。この方向性を定めるのが、「誰に」を決める作業でのもっとも重要な問いです。ただし、ここで「男か女か？」、「予算はいくらか？」、「徒歩で来るか自動車で来るか？」など、客観的にアンケートで答えられる項目を挙げてしまうと、セグメンテーションの話に興味が向きがちです。

また、ベクトルは沢山挙げれば良いわけでもありません。むしろ強力なひとつの要因だけを挙げるのはコンセプトの方向性を力強くし、失敗したときの要因分析もしやすいです。ここを曖昧にすると、事業がうまくいかず赤字が出ているのに本質的ではない「戦犯」を掲げつづけて最終的に深手を負う恐れが出てしまいます。

4-2-2 コンセプト策定②：調査をする

「思い付きのセグメンテーションが駄目」という話をすると、よく出てくるアイディアがアンケートによって消費者を知りたいという話です。アンケートの是非は、その目的によりますが、悪手は「コンセプトにおける『誰に』をアンケートで探りたい」という発想です。この場合、レストランのターゲットをアンケートによって探求したものの、需要に関する調査結果としては「空腹の人」という、戦略策定にとって無意味な結果が出やすいです。

一方、アンケートが有効に機能する方法は仮説として「誰に」を考えた上で、「何を」が、きちんと合致しているかを対象者（「誰に」に当たる人）に確認する調査です。回りくどい言い方をしましたが、これは「コンセプトテスト」と呼ぶものです。コンセプトテストは商品を買いたい人を調べるために、コンセプトを文章や画像、動画で示し、購入意向度を調査するものです。アンケート調査の購入意向度よりも実際の購入確率は低くなりますが、重要な指標は購入意向度の絶対値ではなく、いくつかの商品コンセプトを比較して最も有力なものをあぶりだす相対評価の考え方です。

なお、週末だけ開店している「こだわりのカレー屋さん」のように友人や知り合いの店舗を間借りするなどして、すぐに撤退できる方法があるならば、コンセプトテストをするよりも実際に「テスト販売」した方がベターです。

また、「誰に」の仮説さえ思い浮かばない場合の調査は、調査対象者を思い込みで決め込まずにランダムに1対1で行うインタビュー（デプスインタビュー）が有効です。マーケティング調査会社は複数人で行うグループインタビューを勧めてくる場合もあります。ただ、グループインタビューですと「声の大きい人」がどうしても現れます（司会が参加者の発言に配慮していても）。また、コンプライアンス社会の中で「社会的望ましさ」を意識した発言にも留意する必要があるでしょう。

インタビュー以外にも組織の問い合わせ窓口に来る声も重要な「誰に」を探る手段です。お客様からのアプローチが企業の商品開発自体に影響を及ぼした例としてカモ井加工紙という会社の例があります（吉田、2016）。カモ井加工紙は、もともと自動車などの塗装時に、色を塗ってはいけない場所に色が乗らないよう保護する用途で「マスキングテープ」というテープを製造するメーカーでした。

その問い合わせ窓口に提案をしてきたのが、デザイナーとカフェ経営者の二人です。二人は同社にマスキングテープに色を付け、雑貨としてデコレーション用途にできると訴えました。同社では最初、二人の話に理解が追い付かなかったようです。しかし、話を聞く内に真剣さや実現性に共感し、製品化へのゴーサインを出しました。その後、同社としては経験したことのないターゲット顧客向けの商品開発という理由から、自社内の社員ではなくこの二人と開発を進めていきました。二人は他の競合メーカーにも声がけをしたのですが、耳を傾けたのは同社だけであり、結果としてこの新用途のマスキングテープ事業は数十億円規模の事業に成長しました。

デプスインタビューでも、問い合わせ窓口に来た声の聴取でも共通するのは、直接の会話です。数字に強い人ほど量的なアンケート調査をしたくなりますが、ここでは我慢してください。もしくは、「数字に強い」という建前がある一方で、実際は会話に苦手意識をもっている人もいます。しかし、デプスインタビューは場数を踏めば慣れてくるものです。

テレビや雑誌のインタビュアーではないので、調査対象者や対象とするテーマの知識について先に勉強する必要もありません（むしろ知識が先入観になる人さえもいます）。ただ、ひたすらに「本音を掴んだ」と思えるまで目の前の人の話を真摯に聞き、ヒアリングを続ければ失敗はありません。本当のビジネスでの失敗はインタビュー調査の失敗ではなく、結果が出ないときです。

このようなユーザーへのヒアリングは新規事業を始める時だけの話ではありません。既存事業のテコ入れや拡大の局面で、企業が思い描いているユーザーがズレていた事例は無数にあります。本書の主旨と異なりますが、むしろ、既存事業の戦略を立てるときこそデプスインタビューをして頂きたいと思います。

普段から自分の仕事を深く語ることができれば、どこでもお金をかけずにできるのが、デプスインタビューです。企画のタイムスケジュールが切迫しているのを理由に、すぐにでもマーケティング調査会社に相談したいという人もいます。しかし、そんなに時間がないでしょうか？調査にかかる数日のスケジュールの遅れは、将来のビジネスの成否を占う第一段階でボタンをかけ違える事態よりも重要ではないはずです。

4-2-3

コンセプト策定③：事業価値として提供するものを決める

コンセプトで必要な２つ目は「何を」です。ここでの「何を」は具体的な商品名ではありません。あくまでも「誰に」と整合した、お客様に提供する価値についてです。マーケティングの教科書的にはウォンツではなくニーズ、ドリルではなく「穴をあけたい」というニーズといったところでしょうか。

「推し活」という言葉がまだなかったときに、かつてアイドルのＣＤを企画し販売していたことがありました。休日になると全国各地のショッピング・モールでアイドルのリリースイベントが開催されています。ＣＤ購入枚数に応じて、握手などのサービスをアイドルから受けられるイベントです。そして、アイドルＣＤの購買の動機が「『握手会』などのイベント参加に価値を感じているから」という点にあることは誰もが知るところと思います。私も週末になると、各地にイベントの運営に出向いていました。ただ、当時感じていたのは「なぜ、買うものがＣＤでないといけないのか」という疑問でした。

一緒にお仕事をしていたアイドル事務所は、すでに自社で一定のファンの基盤があり、率直には、そのままでも経営としては十分なようでした。協業したいと声をかけて頂いたのは先方からであり「アイドルの知名度を上げたいから一定の宣伝能力をもつレコード会社と協業したい」という動機は理解できます。

ただ、事務所経営者のお話を伺っている内に思ったのが、お客様の購入物としてＣＤを介在させる意味です。「音楽事業に携わる私がいうのも変なんですけれど、極論、このイベントのチケットをＣＤ購入金額分の価格でそのまま販売するビジネスをしたら、どうでしょうか？ＣＤを制作して販売する手間が、かからないのではないですか？」と事務所の社長にストレートに尋ねてみました。その方とは自分と同い年ということもあり、勝手に親近感を抱いて色々話しかけていたのです。

その結果、返ってきた回答はこうでした。「確かにＣＤをリリースするたびに沢山のＣＤを買って下さるお客様がいて、その皆さんはイベントを楽しみにして下さっています。しかし、お客様がもっと楽しみにしているのは、自分が応援するアイドルがヒットチャートで順位を上げていくことです。だからＣＤを売りたいんです」。この時、私は真実が目の前に立ち現れた思いがしました。そして、この話を聞いてから「ビジネスでの成功率１００％はあり得ないけれども、このぐらいの確信がないと事業提案をしてはまずい」と考えるようになったのです。

話を戻しましょう。ずばり「何を」とは、商品やサービスに関して「どんな動機でお客様がその商品やサービスを求めているか？」についての説明です。私の場合は、この経験をするまで、新たな商品やサービスを発売する際に説明できていませんでした。会議上、理屈がつく説明をしていたとしても上滑りしていたのかもしれません。私の例では、その「真実」を製造業でいうところの原材料供給元（事務所の経営者）に教えて頂きました。直接の顧客との会話で教えて頂くこともあるでしょう。

次の2つの節では「お客様にとっての自社の商品・サービスの価値を知った」と考えた時、それが本物か否かを判定する基準を2点お伝えします。

4-2-4

コンセプト策定④：事業価値を顧客の視点で評価する

ブルーオーシャン戦略でも、家電メーカーを中心とした日本企業の「失敗」要因について語る時、真っ先に出てくるのが、多機能だけど不要な機能が多い商品の例です。それはその通りなのですが、では、組織が行う事業の「選択と集中」の話でもあったように、事業自体も単に「そぎ落とせば良い」という話なのでしょうか。

ブルーオーシャン戦略では、戦略キャンバスを通じて自社と他社との「競争の要因」を洗い出し、各要因での競合と自社の得点を評価・比較し、自社独自の価値創造をするのが戦略の要旨でした。では、どうしたら「自社独自の価値ができた状態」だといえるのでしょうか。

安直な方法は、戦略キャンバスの競争の要因の得点をすべて合計して競合と自社の評価をすることです。仮に各競争の要因に得点を付けるとしましょう。項目がA～Eまでの5つあり、項目A～Cは競合に負けても、項目Dと項目Eで勝つという方針を立てたとします。しかし、その戦略の妥当性を評価する際に留保なく項目A～Eすべての項目の合計点で比較してしまうのです。

具体的にみてみます。例えば、これから一人暮らしを使用として賃貸物件を探している人がいるとします。「駅から徒歩15分以内」、「家賃は6万円以内」、「室内洗濯機」、「リビング・ダイニングの広さ6畳以上」という条件を設定していた際に、これらの評価の合計値で物件選択する人がどれほどいるかという問いです。マーケティングの教科書では各項目の得点の比率を加味する

消費者における事業の価値の評価の方法（「感情・ブランド型」を除く）

総合得点型

項目	得点
駅徒歩分数	5
家賃	4
室内洗濯機	4
リビング・ダイニングの広さ	3
合計	16

優先条件型

項目	優先度
駅徒歩分数	
家賃	◎
室内洗濯機	○
リビング・ダイニングの広さ	

検討条件順序型

飲食店までの徒歩分数
↓
和食の飲食店
↓
麺類を提供する飲食店

商品カテゴリー型

ラーメン
ハンバーガー
牛丼

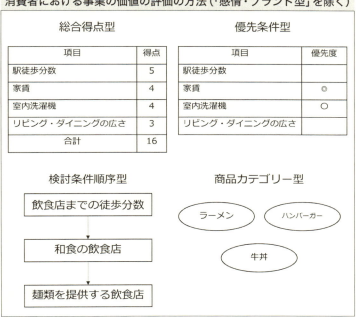

べきとするものもありますが、考え方の基盤は同じところにあるといえるでしょう。仮にこの評価方法を「総合得点型」と呼びます。

引きつづき考えます。賃貸住宅を探しに不動産店に行くと「譲れない条件」を聞かれます。この時に多くの不動産屋さんは、なるべく多くの譲れない条件を満たす物件情報を教えてくれることが多いです。しかし、お客さんとしては、いくつかの譲れない条件の内のひとつでも条件を満たしていなければ、物件購入を諦める人も一定数います。この評価方法を「優先条件型」と名付けたいと思います。

はたまた今日の外食での昼食の決め方はどのような評価方法に基づくでしょうか。「今は和食を食べたい、できれば麺類が良い。オフィスに近い場所で」といった希望があり、時間がなければ食事の種類よりもオフィスに近い条件を優先するでしょう。この場合、オフィスからの近さで最初にお店を比較し、その後、和食か、麺類かと重要な項目順に項目比較して、お店を探すことになります。つまり、条件の優先度ではなく、条件の検討順序が決まっているというパターンです。この評価方法は「検討条件順序型」と呼べそうです。

あるいは条件ではなく昼食で食べたいものは具体的にラーメン、ハンバーガー、牛丼のどれかに当てはまれば良いと考え、ラーメンが食べられる店がみつかれば、そこに決めてしまうという方法もあります。これを「商品カテゴリー型」と名付けます。この場合は、商品カテゴリーを選択した後に、さらに先に挙げた3つの評価方法の内、どの評価方法によって最終的な選択肢を選ぶのかまで検討する必要があります。

さらに想定を広げますと、今まで述べてきた項目評価で考えるのは面倒だから、「いつもの大将の店で食べたい」という人もいます。これは、そのお店側の立場に立てば経営としては満点です。「感情・ブランド型」といえるでしょう。競合店の立場となれば、どんな戦略があっても歯が立ちません。これこそ「非競争」やブランドの世界かもしれません。個人の顔を売って講師やコンサルタントをするビジネスであれば、最初からこの状態を目指すことが多いです。しかし、突出した個人の顔を売り込むのは組織として一人の才能に賭けるリスクがあります。「非競争」を初めから組織として狙う不合理性は、このような例からも理解できます。

実際、ここで説明した項目評価の話は行動経済学を知っている人であれば聞いたことのある内容であり、マーケティング関連の資格参考書で解説されている内容でもあります。興味関心があれば参考にすると良いでしょう。戦略構築のためのコンセプト作りの過程では、これらの分類や言葉の暗記はさておき、コンセプトの考案の際に考えた「人が商品やサービスに求める価値」を、どのような評価方式で検討しているかの見極めが重要です。

この話について、事業側目線の話で思い出すのは私が音楽関連のコンサートやイベント制作の実務をしていた時に、多く持ちこまれた相談です。その多くは「フェス」の共同開催です。その際の企画書のメインメッセージや誘い文句は、そろって「フェスには各アーティストのファン数を合計した数が来場する。そして、お互いのアーティストが、まだファンになっていない人たちに自分を売り込みできる場になる」というものでした。確かに多ジャンルのアーティストの公演を一度に見られるフェスが魅力だから会場に足を運ぶ人も一定数いるでしょう。このような人たちは「総合得点型」で商品やサービスを評価する人々です。しかし、不動産物件探しの話で見たように、人々の購買時の価値判断は総合得点型とは限りません。

当時、ポップ・ミュージックのファンと会話すると、大きく分けて音楽リスナーは次のようなグループに分かれると考えられました。第1グループは幅広いジャンルの音楽を聴いている人たち、第2グループは特定のジャンルが好きで、そのジャンル内の多様なアーティストの音楽を聴いている人たち、第3グループは音楽への興味関心よりも歌う人に対して関心があり、その人が演奏する（歌う）音楽以外は聞かない人たち。この辺りの判断が付けば消費者の価値判断基準の推測は、おのずとつくはずです。そして「フェスが企画書の意図通りの機能を果たすか？」と問われれば、明らかに第3のグループの音楽ファンには無効であり、勤務先の組織で担当するアーティストは、第3グループに属するのでした。

これらの顧客分類は推測以上のものではないですし、調査による検証に頼ろうとする人もいるかもしれません。ただ、述べておきたいのは、正しいか誤っているかの前に、これらの仮説を考えていないケースが圧倒的に多い点です。消費者の中での商品やサービスへの評価基準に関する考慮が抜けていると、どんなに精巧な論理と調査を積みあげて商品やサービスを開発しても販売がむずかしくなりがちです。

4-2-5

事業価値策定の留意点

最後に「価値」作りで留意しておきたいポイントを述べます。それはコスパからの発想です。２０００年代後半から「バリュー消費」と呼ぶコスト・パフォーマンス重視の消費形態が、実務、学術ともに意識されるようになってきました。消費者としての自然な感覚と一致しているので、この考え方は自然と頭に入りやすいです。

では、「コスパ」の良い商品を作っておけば、それで商売繁盛になるのでしょうか。例えば燃料のように商品が同質化しやすいか、消費者から違いを捉えづらく「安ければ良い」というものもあるかもしれません。最近の食品スーパーの価格競争の激化をみていると、このような世界がすべてのようにも思えてしまいます。ただ、これは「どれもおいしさが極端に変わらないという前提のもと」に感じるものです。もう少しストレートにいえば「極端にまずくなければ」という前提です。しかし、多くの組織としてこのような前提に当てはまらない商品も沢山あります。その理屈をみていきましょう。

まず、コスパを定義すると

価格÷価値

になります。

実際にコスパを計測するにあたっては、どの商品も同じ価値ではないため、消費者がその商品に支払って良い最高金額、つまり「ＷＴＰ（willing to pay）」をアンケートで調査することが多いです。ＷＴＰ調査の概要を描写すると、特定の商品やサービスのコンセプトを文字や写真・図を交えながら提示してそのコンセプトの商品やサービスが実在したと仮定して支払いたい金額を尋ねるものです。ＷＴＰが実売価格より高ければ「コスパ」としては最低合格点に達しているとみなせます。では、「実売価格に対しＷＴＰが大きいほどコスパが良い（だから良い商品やサービス）」と考えて良いのでしょうか。

ここで思い出したいのが差別化の話です。結論からいえば競合商品と提供できる価値が大きく違っていれば競合よりコスパが悪くても、売れるモノは売れます。コスパを気にする行為は、コストリーダーシップ戦略を採る意思決定の上に成り立つものともいえるでしょう（念のために再度いえば、コストリーダーシップ戦略＝低価格戦略ではないです。コストリーダーシップ戦略を採るが、価格は中～高価格帯に設定してコスパで優位性を狙わない道もあり得ます）。

コスパで競争するか否かは、組織としての意思決定の問題です。ただし、この点を決めずにＷＴＰの調査に走ってしまうと、差別化戦略であるのにコスパの創出に悩んだり、逆にコストリーダーシップ戦略を採るべき組織が「差別化」という企画書上の言葉で逃げたりする事態に陥ります。ブルーオーシャン戦略の戦略キャンバスでは、競争の要因として「価格」の項目があり、コスパを意識させる設計になっていますが、それが本当に「競争の要因」なのか、よく考えた上で項目設定する必要があります。

一方、戦略作りは一度作ったら後戻りできないものではありません。むしろ、戦略全体の整合性を取るためには、前のプロセスに立ち戻ることも必要でしょう。戦略の要素間でちぐはぐな状況がみられた場合は、躊躇なくコンセプトの検討に立ち戻ってください。

4-3

プロセス②2つのコア・シナリオ（価値実現シナリオ、利益実現シナリオ）の策定

コンセプトができると、いよいよ戦略の本丸の構築に入ります。コンセプトを通じて実現したい価値ができあがっていますので、あとはその実現方法を考えるのみです。

企画プランを作る授業やセミナーで参加者に戦略を考えてもらうと「最強プラン」が、よく出てきます。例えばレストランの戦略を考える課題で「世界一流のシェフが作る最高峰の食材を、ゆとりのある空間でゆったり堪能でき、最高の接客でくつろぎの時間をお届けし、エリア最低料金のレストラン」といったプランがあったら、どうでしょうか。この文章のみで、この企画の良否を云々することはできませんが、「本当に実現できるのか？」という感覚をまず抱く人が多いのではないでしょうか。

日本のスターバックスは現在でこそ郊外での出店を進めていますが、サザビーリーグと協業していたとき

は、内外装のデザインへこだわりに加えて都心一等地での出店を中心としていました。つまり、一等地不動産の確保には「固定費が高額になる」という課題がつきまとっていました。さらにスターバックスは原価率の高いコーヒーを提供しています。

飲食業の起業では「立地がすべて」というコンサルタントもいます。また、こだわりの強さから内装にかかる費用や原材料の原価率が高くなるのをいましめるのが、コンサルティングの定石です。しかし、一等地を確保して原価率の高い商品を提供するという「定石」にことごとく反するのが、この時のスターバックスでした。では、スターバックスはどのようにして、これらの困難を克服したのでしょうか。

戦略が示す「実現」には2種類があり、それが価値実現シナリオと利益実現シナリオです。そして、本書ではこれら2つを戦略の「コア・シナリオ」と呼びます。スターバックスでいえば、価値実現シナリオが「都心一等地の不動産の確保」、利益実現シナリオが「高額な固定費と高原価な原材料でも利益を出すシナリオ」です。

まず価値実現シナリオですが、2000年の都市計画法・建築基準法の改正により、未利用になっている土地の容積を他の土地で活用できるようになりました。例えば、東京駅の丸の内口の赤レンガの駅舎は地上3階建てですが、法律上は高層ビルも建てられます。しかし、歴史的建造物の駅舎は階数を増やすのではなく、3階建てのままとして、余った容積を近隣の高層ビルに「おすそわけ」できるようになったのでした。

このような事情で21世紀に入ってから都市部で高層ビルが増え、そのテナントに入り込んでいったのがスターバックスです。日本のスターバックスは特殊商圏を除き、直営で店舗展開するのが主流です（スターバックス コーヒー ジャパン，n．d．）。これはアメリカのスターバックス本社が一定割合、フランチャイズ出店しているのとは対照的であり、ひとつの戦略といえるでしょう。

直営店方式の場合、企業の投資金額が大きくなるため展開スピードはフランチャイズよりも劣ります。しかし、出店する立地を自社で確実にコントロールできるメリットがあります。また、店舗の内外装についても、自社の考え方をフランチャイズ店舗以上に反映できます。サザビーリーグは都市部の一等地を高層ビル内店舗中心にしっかりと確保していきました。

次に利益実現シナリオです。スターバックスの利益実現シナリオは巧みなプロダクトミックス（異なる原価率の商品を組み合わせた商品群全体で、目標利益を実現すること）です。ただ、その内実はシンプルであり、低原価のドリンクの売上構成比を高めるというシナリオです（三ツ井，2018）。従来の喫茶店では、フードを交えたランチやセットなどの低価格商品で顧客を呼び込み、別の機会に低原価のドリンクだけでの来店を促進するのが定石でした。しかし、スターバックスはドリンクの原価率をやや高くする代わりに、それよりも原価率が高いフード提供は、小規模に留めているのが分かります。マーケティングの授業で、好きな企業を事例に消費者としての体験を分析するよう課題を提示すると、必ず挙がる企業のひとつがスターバックスです。それらの回答の中では、確かに好きな商品としてフードを挙げている答案をみることはありません。

そして、スターバックスの特徴は在庫回転日数の長さです。スターバックス・ジャパンが上場廃止するのは2015年であり、やや古い決算書に基づく計算ですが、レストラン業界の在庫回転日数の平均が10日であるのに対し、スターバックスは約23日です（三ツ井、2018）。一般的に在庫回転日数が長いと販売不振とも読み取れますが、スターバックスの場合はそうではなく、原材料の大量買い付けをしていると推測されます。そして原材料の大量買い付けにより、高原価率でありながら工夫により原価率低減に努めていると伺えるのです。

4-4

利益実現シナリオ策定の留意点

利益実現シナリオとしてブルーオーシャン戦略が提示しているのは、競争の要因と認識している要素をすべて再検討した上で「削減する」、「取り除く」というものでした。確かにスターバックスの例では、フードのバリエーションを「取り除く」ことで利益実現を図っているといえます。また、日本の伝統的な喫茶店と比較すれば、スターバックスはテーブル接客を「取り除いた」セルフサービスであるともいえるでしょう。

しかし、原材料の大量買い付けは「削減する」、「取り除く」のどちらでもありません。つまり、「削減する」、「取り除く」以外にもコスト削減による利益実現の方法はあり得るのです。もっとも「大量買い付けできるのは一部の限られた企業だけではないか」という声もあるかもしれません。そこで、ここでは成長途上であった頃のドン・キホーテの例を紹介します。

ドン・キホーテと聞いて、どのような業態の企業だと思うでしょうか？多くの人はディスカウント・ストアと答えます。私の回答は「ＧＭＳ」です。ドン・キホーテ関連でＧＭＳというと、同社が買収した「長崎屋」や「ユニー」という企業を想像するかもしれません。しかし、私が述べているのはドン・キホーテ自体がＧＭＳだということです。

なぜそうなのかというと、ＧＭＳの本来の定義に基づいているからです。ＧＭＳとはどのような店でしょうか。食料品だけでなく、衣料品や雑貨など幅広い商品を取り扱う店舗というのが、漠然としたイメージではないでしょうか。イメージされるのは「イトーヨーカドー」や、イオンモールの内、「イオン」直営の売場などです。しかし、これはＧＭＳという業態の説明ではなく取り扱い商品の説明であり、デパートとの区別もあいまいです。場合によっては、コンビニエンス・ストアとの区別さえ、あいまいかもしれません。

「学者になるわけではないので、定義や区分の話はどうでもいいです」という声も聞こえてきそうですが、この認識の違いが成功をもたらした事例ですので、もう少しお付き合いください。多くの日本人が考えるＧＭＳのイメージは、日本国内では１９８０年代に作られてきたようです。ＧＭＳ自体はアメリカから輸入されてきた言葉ですが、もともと日本では正確な認識とともに紹介されていました（戸田、２０２２）。それが、コスト・パフォーマンスが高いプライベート・ブランド商品を中心に幅広い商品を販売する店という定義です（戸田、２０２２）。ここでは、まったく安売りという話は出ていません。確かにプライベート・ブランド商品はナショナル・ブランド商品と同程度のスペックでありつつ安価な場合が多く、「低価格」の側面に目が向きがちです。しかし、価格は高くてもコスト・パフォーマンスが高い例もあり得ます。例えば、近年のセブン‐イレブンのプライベート・ブランド商品である「セブンプレミアムゴールドシリーズ」が、それに当てはまります。

一方、日本では１９８０年代の前から当時、「流通の雄」といわれたダイエーがプライベート・ブランド商品の開発に取り組んできました。そのためにダイエー創業者の中内功さんは、イギリスの小売企業「マークス&スペンサー（Marks & Spencer）」と協業し、社員を現地に派遣して商品開発のプロセスを学ばせました（戸田、２０１４）。しかし、ダイエーのプライベート・ブランド商品事業は、総じていえば、うまくいかなかったようです。これは、海外企業との協業のむずかしさもありますが、ひとつにはナショナル・ブランドのディスカウント販売を中心としていたダイエーが、同じ発想でプライベート・ブランド商品を作ろうとしたことにあるようでした（戸田、２０１４）。そして、より重要なポイントは組織能力との乖離です。もともと、ダイエーが得意としていたのは完成品を安い仕入れ値で購入することです。しかし、プライベート・ブランドで高コスト・パフォーマンスを実現するためには、原材料を安価に確保して効率よく製造する必要があります。それは、ＯＥＭ企業任せでは実現できないのです。

日本のチェーンストア黎明期から発展期に活躍した著名なコンサルタントである渥美俊一さんは、当時のプライベート・ブランド商品開発の課題を、商社経由で原材料を購入し、現地企業との直接の取引がない点としています（渥美、2008）。つまり、商社の利益が上乗せされた原材料からプライベート・ブランド商品を作っても、高コスト・パフォーマンスは創出できません。現地との直接取引のためには、小売企業が商社に任せていた仕事を担うわけですので手間も仕事の難度も上がります。しかし、この点を日本の小売業は長らく避けており、GMSの本来の定義と異なるナショナル・ブランドのディスカウント販売か、安いがナショナル・ブランドより低品質のプライベート・ブランド商品の販売に留まっていました（渥美、2008）。

ドン・キホーテに話を戻しますと同社は創業当初、「泥棒市場」という名前の小売業で創業し、卸会社から「バッタもの」と呼ばれる倒産した卸売企業の在庫を安価に仕入れて売る一般的なディスカウント・ショップでした。ただし、ここからすぐに現在の「ドン・キホーテ」に発展せず「泥棒市場」が成功すると、卸売業としての事業展開に推移しました。

その後、満を持して「ドン・キホーテ」ブランドの店舗を展開しています。つまり、卸売業という商品流通の上流に携わる経験があったことで原材料に近い商流を押さえられたのです。また、従来型のGMSとは異なり、日用品だけでなく高級ブランド品まで多様な商品を取り扱っています。これにより単にナショナル・ブランドとの相対的な価格の安さにとらわれず、顧客の属性や商品のグレードに応じた「ちょうど良いコスト・パフォーマンス」を体感できていたと考えられます。そして、ドン・キホーテは現在、急速にプライベート・ブランド商品を増やしています。

このような背景から、私はドン・キホーテを本来的な意味での「GMS」として成功した企業と捉えています。限られた製品カテゴリーでのプライベート・ブランド商品を展開し、徐々に多様な商品カテゴリーのプライベート・ブランドを開発した企業として、「無印良品」も、本質的な意味でのGMSといえるでしょう。無印良品もドン・キホーテも、コスト・パフォーマンスを重視する現代の消費者気質に合致し、業績好調の企業です。

原価低減に関しては製造業に一日の長があり、製造業では戦後からそのテクニックが紹介され実践されてきました。しかし、製造業を除く業種では、製造は自組織の領域ではないと捉え、製造段階でのコスト低減に無関心な組織が多くあります。この要因は色々と考えられますが、ひとつには従業員目線で考えると、原価低減に取り組もうとするとシンプルに「仕事が大変になる」という理由が挙げられます。また、「原価低減のノウハウがない」として、出入りの取引先に対して価格交渉することしかコスト削減の手段をもたない組織もあるでしょう（もちろん、購買時の交渉は大事ですが）。

しかし、ノウハウが無い中では、組織として成功と失敗を重ねながらコスト削減のノウハウを学習するしか、コストリーダーシップへの道はありません。組織が陥りやすい傾向を踏まえて、経営者はコスト削減に関するシナリオを自分で描ききる必要があります。

5.

競合を意識したコア・シナリオ策定

5-1

戦略策定のＶＲＩＯ分析の意味するところ

戦略構築の一連のプロセスをお話してきました。実際に戦略構築を実践しようとすると、コア・シナリオの作り方で悩む方が一番多いと思われます。

フレームワークのように穴埋めをして、何らかの計算問題のように論理的に解が導き出せない中で、何を手掛かりにしてコア・シナリオを構築すれば良いのでしょうか。そこで中核概念となるのが「模倣困難性」です。

「模倣」とは何でしょうか。ブルーオーシャン戦略では「ブルーオーシャン」の対となる言葉として「レッドオーシャン」があります。レッドオーシャンは同質的な企業があふれ、競争で疲弊している世界を表します。ブルーオーシャン戦略の解説書では、ブルーオーシャンに関する事例を紹介している一方、これらが、いつかはレッドオーシャン化するとも書いてあります（戸田＆Ｍａｕｂｏｒｇｎｅ、２０１５）。つまり、レッドオーシャンとは最初から存在しているものだけでなく、ブルーオーシャンから変化したものもあるということです。なぜ、そのように変化したのかというと、ブルーオーシャン企業を模倣した企業が続出するから同質化するのです。

同書が紹介する実際の企業事例でもすでにレッドオーシャン化した事例もあります（Kim & Mauborgne,

2015)。しかし、これらの事例がレッドオーシャン化するまでの年月には大きなバラつきがあります。そして、同書ではレッドオーシャン化を遅らせる方法については、はっきりと書かれていません。

また、模倣に着目した競争戦略として有名なものにバーニーによるＶＲＩＯ分析があります。ＶＲＩＯ分析から戦略を構築するセミナーや授業を受けた人も多いのではないでしょうか。ＶＲＩＯ分析には、いくつかのフレームワークがありますが、簡単に紹介すると「経済的価値（value）」、「稀少性（rarity）」、「模倣可能性（inimitability）」、「組織（organization）」の４つの評価軸に沿って、具体的に競合と比較した上で、競争優位性を参考にして戦略を立てるものです。競争戦略の有効性を評価するチェック方法の体系といえるでしょう。

そして、ＶＲＩＯ分析がいう「模倣可能性」とは、一般的にイメージされる能力的に模倣が可能か否かというよりは、模倣する競合にとってのコストの高さを示しています（Barney, 2002)。つまり、競合が模倣しようとすると、コストが高過ぎて割に合わないということです。この観点で模倣が困難な状況とは権益に守られている経営資源や、競合企業にとって模倣の経済効率が悪いケースが当てはまるでしょう。

具体的に検討してみましょう。まず、権益に守られている例ですが、権益というと油田や特許のような法的な独占権にもとづくビジネスを想像する人がいます。間違ってはいませんが、もう少し緩やかな例もあります。例えば都心部の大学です。大学は法律によって一定の広さの校地を必要と規定されています。その基準に沿った都心部の土地や建物を確保しようとすると用地取得に相当な困難が伴います。一方、大学の入学理由に立地を挙げる高校生は学習内容に次いで2位であり、重要なポイントです（DISCO、2022）。

これから郊外の立地している大学が都心部に移転しようとすると、高騰し続ける都心の不動産価格だけでなく、法が要求する広さの校地確保に難渋するでしょう。これは、まさに先行して都心部にキャンパスを構える大学の側から見れば、「権益」といって良い効果を果たしています。

第2は競合企業が模倣する経済効率が悪いケースです。日本郵便のケースで見てみましょう。郵便事業は明治時代の創業時から国営事業でしたが、2003年4月に公社化されました。この時に「信書便法」という法律で民間事業者が信書便事業に参入できるようになりました。信書とは手紙、請求書、許可証などを意味します。ちなみにダイレクトメールは文書中に個人名が入ると信書になるそうです。このように信書の定義はあいまいで、実際に信書か否かを判断するすべがなく、実効性が不透明な制度です。

しかし、はっきりしているのは信書便事業者が全国にポストを最低10万本設置する必要がある点です（橋本、2011）。仮にポストを設置することはできても、毎日10万本のポストを開いて郵便物を収集して採算が合う会社は、今はもちろん今後も出てこないでしょう。日本郵便の視点で見れば信書便事業は規模が大きくなるほど単位当たりのコストが下がることを利用した、コストリーダーシップ戦略による事業と捉えられます。このような日本郵便の優位性は、郵便創業以来の150年の歴史によって形作られたものです。これをバーニーは「独自の歴史的条件（unique historical conditions）」と呼んでいます（Barney, 2002）。

また、古書店の「ブックオフ」は従来の古本屋の常識を変えたと言われています。その要素の内、例えば買い取りのオペレーションでいえば1冊ごとの買い取り金額の査定をやめた点が挙げられます。これにより、買い取り作業のための本の鑑定の専門知識を持つ人の雇用が不要となり、人件費を抑えられます。また、買い取り時の価格査定時間も短くできます。つまり、低価格を実現できるコストリーダーシップ戦略というわけです。

一方、ブックオフ出現後の既存の古書店は「歴史的価値が高い稀覯本の古書市場」というニッチ市場で集中戦略を採っています。稀覯本をブックオフに売りに行く人はめったにいないでしょう。稀覯本の場合、新刊価格よりも、むしろ高額で売れる場合もあり、売主は綿密に鑑定してもらいたいからです。そうすると、既存の古書店は稀覯本の在庫に限ってブックオフよりも品揃えが充実することになります。一方、ブックオフは古書の専門的な鑑定をやめて経済効率を上げた業態として、稀覯本の古本ビジネスは経済効率が悪いため、同様の業務をするわけにはいきません。

このようにみますと、VRIO分析がいうところの模倣が困難な状況の事例として考えられる企業は、都心の大学や日本郵便のようなやや特殊な組織か、稀覯本の古書店のようにニッチ市場に適応した組織能力を求められる組織です。このような模倣困難性を構築できればベターですが、ゼロイチの起業として戦略を検討する道具として、VRIO分析は使いこなす難度が高いです。一方、本書がいうところの模倣困難性とは、さらに一段、視野を広げた概念です。

5–2

パターン①模倣が困難に見えるシナリオ

まず挙げたいのが競合はコア・シナリオを知っているが、模倣が困難に見えるパターンです。話はシンプルであり「実際に模倣困難かは分からないが、少なくとも競合は困難だと思っている」状態です。この方法が一番、模倣困難性を構築しやすいパターンですので初めにご紹介します。

このパターンは、さらに細分化できます。ひとつは「模倣する範囲が見えづらいもの」、2つ目は「誰もやろうと思わないもの」、3つ目は「模倣するほどの市場規模が無いように見えるもの」です。

最初の「模倣する範囲が見えづらい」例からみていきましょう。この例には音楽著作権管理事業のNexToneという企業が当てはまります。

「音楽著作権管理」というと普段なじんでいる人は少ないと思いますが、「JASRAC」という組織の名前ならば一度は聞いたことがある人も多いのではないでしょうか。音楽を使った時に作詞家や作曲家に支払う著作権使用料を徴収する団体です。

音楽著作権管理事業は、戦前に外国からの参入があり市場の混乱があった経緯を踏まえ、長らくJASRACが独占していました。しかし、自由競争の観点から2000年から民間企業の参入が可能になり、多数の企業が参入してきました。NexTone（の前身の会社）もその一社でした。著作権管理事業の成長の肝は、いかに作詞・作曲家から楽曲を預けてもらい「品揃え」を増やすかです。

その施策としてNexToneは「音楽出版社」と呼ばれる業態の企業への営業を積極化しました。音楽出版社は作詞・作曲家から著作権の譲渡を受けて、楽曲の利用を促進し、音楽著作権管理組織が徴収した印税を作詞・作曲者に再分配する機能をもっています（榎澤、２０２２）。「楽曲の利用の促進」とは、ＣＤ化やメディアでプロモーションする業務です。日本の商業音楽において、プロの作詞・作曲家は通常、音楽出版社に著作権を譲渡します。また、プロの作詞作曲家が手がける楽曲の方が1曲あたりの著作権収入が大きく営業効率も良いため、NexToneは音楽出版社への営業を重要視したわけです。

ただ、いきなり音楽出版社の門を叩いて営業するだけでは、戦略ではなく個人としての営業パーソンのスキル頼みです。逆に営業部からも「何か営業先に提供できるメリットをください」と要望を受けるでしょう。

NexToneは営業の過程で、レコーディングされた音源の音楽配信のニーズがあることを汲み取りました。その結果、音源を音楽配信サービスに仲介するサービスを始めました（榎澤、２０２２）。２０００年代の日本では音楽配信市場は成長し始めていました。しかし、ＣＤと比較して一般的ではなく、売上規模としては見逃せないけれども、手間のかかる割に売上が小規模というのが、この市場に対するビジネス認識でした。さらに中小企業の場合は直接、「Apple Music」などの大手音楽配信サービスに取引口座を作るのはむずかしく、かつ、多数ある音楽配信サービスが要求するデータフォーマットに個別に対応するのは煩雑だったのです。この仲介サービス（アグリゲーション）は音楽出版社の需要にマッチし、現在では同社の利益源になっています。一方、音楽著作権管理事業は、ほぼ市場独占状態であり非営利組織という背景をもつＪＡＳＲＡＣが手数料を低率に抑えているため、利益率が低い事業です。この事業だけを手がける企業は次第に淘汰され、２０１０年代からはＪＡＳＲＡＣとNexToneのみが市場に残存しました。

そして、NexToneが事業拡大をしたのは２０１０年代でしたが、このときはまだ株式上場前でした。非上場企業として事業別の利益率は開示していないため、競合からはアグリゲーション事業に参入する意義を見通すことが困難でしたので、アグリゲーション事業への競合の参入はありませんでした。むしろ、NexToneのアグリゲーション事業は音楽出版社などへの付加サービスと捉えるのが自然でした。しかし、実態としては、アグリゲーション事業を含めた事業の全体がコア・シナリオだったのです。

第２の「誰もやろうと思わないもの」については、ＶＲＩＯ分析における模倣の２つ目で紹介した「競合企業が模倣する経済効率が悪いケース」と似ていますが、主に人的リソースの問題により「競合がやろうと思わない」ものです。

この例に当てはまるのは回転ずしの「銚子丸」です。回転ずしというと、現代では大手企業が市場にひしめきあっており、よほどの独自性がないと新規参入は困難に見受けられます。このように厳しい競争環境の中、「銚子丸」はチェーンストアでありながらセントラルキッチンのない店舗展開をしています（ＴＢＳ、２０２４）。通常の外食産業のチェーンストアでは、「セントラルキッチン方式」によって、複数の店舗に対し１か所の工場（キッチン）でまとめて調理し、店舗間での商品品質のバラつきを平準化できるメリットを享受します。食材は1店舗で調達するより大量に調達するので、単位当たりのコストを下げる効果もあります。さらにはセントラルキッチンで複数の店舗向けに大量の調理をすることで、機械化しても採算が合うようになり、それがコストリーダーシップ戦略の源泉にもなります。

しかし、銚子丸はこのセオリーにあらがいます。店舗ごとに調理人を雇い、ネタの仕入れに店舗間のバラつきがある状況を受け入れました（ＴＢＳ、２０２４）。その代わり、チェーンストアでは見られない珍しいネタや、珍しい魚介類の部位の寿司を提供する差別化戦略を採ったのです。戦略の3類型に即して述べると、「調理人」という人的リソースを基盤としたケイパビリティによる戦略といえるでしょう。

3番目の「模倣するほどの市場規模が無いように見えるもの」は起業や新規事業の企画書でよくみかける「当市場はニッチなので、大手企業が参入するには経済効率が悪いため、大手の参入可能性は低いだろう」という話とは異なります。実際は市場が大きいだろうことが分かっているにもかかわらず、競合には市場が小さいか無いように見えるという話です。

それがホンダのバイク事業でのアメリカ進出の例です。この事例は、一昔前から競争戦略論の教科書で語られていましたが、その議論の流れは次のようなものでした。まず、イギリスのコンサルティング会社が同国内の企業のために、ホンダのアメリカ進出を分析したレポートを出版しました（Boston Consulting Group, １９７５）。その結果、ホンダは緻密な戦略のもとバイクの輸出に成功したという結論を得ました。しかし、学者による研究では経営陣にインタビューした結果、戦略はなく、ある種思い付きで実行したのがアメリカ進出であったという結論に至ったのです（Pascale, 1996）。

ただ、企業自身が積極的にインターネットで情報発信する現代に、改めてホンダの社史のウェブサイトを眺めてみると異なる一面が浮かび上がります。ホンダのアメリカ進出の第一歩を踏み出したのは当時、本社営業課長だった川島喜八郎さんでした（本田技研工業、ｎ．ｄ．）。当時ホンダはバイクの専業メーカーであり、バイクの輸出にあたってはアメリカ進出に関わるリスク回避のために商社への販売委託という形態も取れました。ただ、ホンダには勝算がありました。それは、当時のアメリカのバイク利用者は「不良」というイメージがつきまとっており、事実上のニッチ市場だった点にあります。

つまり、日本でのバイク市場は一般向け市場であり、「不良」のイメージさえ変えられれば市場開拓できると考えたのです。アメリカ進出が軌道に乗り始めてきた１９６３年にホンダはバイクの販売目標を、前年販売実績の5倍である20万台と掲げました（本田技研工業、ｎ．ｄ．）。これは「行き当たりばったり」でのアメリカ進出では掲げないような数字です。川島さんはアメリカ進出成功の理由を次の通り述べています。

それから何といっても自らの販売網をつくろうとするＨｏｎｄａの思想というものが、やはり1番大きな原動力だったと思います。小売店を直轄にしたことが、アメリカにおける販売網・販売の成功につながったと思いますね（本田技研工業、ｎ．ｄ．）。

商社に販売を委託していてはバイクの悪いイメージを払拭できないと考え、ホンダはアメリカ現地に自社で小売店を開設しました（本田技研工業、n．d.）。そして、バイク・マニアでなくても立ち寄りやすいよう、店の雰囲気を明るくするとともに、広告出稿は多くの人の目に触れるメディアとしました（本田技研工業、n．d.）。これらの施策が功を奏し、バイク市場に成功したのです。このアメリカ進出の話では、50ccのバイクである「カブ」という車種が引き合いに出されます。250ccや300ccのバイクとの対比で、当時のアメリカの常識にはなかった低排気量のバイクを販売した「市場創造」に焦点が当たることが多いです。

確かに「カブ」は、それまでのアメリカ市場の主流ではありませんでした。しかし、「市場創造」という言葉から誤解されやすいのは、商品に宿るカリスマ性やファッション性などの特別な力で「無」から市場を創造したように捉えられることです。もしくは、「たまたま市場投入したら売れて、そこに市場が生まれた」と捉えられることもあります。

一方、この例では「一般人が乗るバイク」というイメージ戦略に成功し、普通の人がバイクを買えるようにする「意志」がありました。ホンダのコア・シナリオは「自社での直接進出を通じ、『普通の人』が立ち寄りたくなる明るい小売店の内装や、『普通の人』がバイクに乗ることを訴求した広告展開を確実に管理すること」です。そこに、「カブ」が商品としてハマったというのが実態といえるでしょう。

つまり、ホンダの戦略は、コンサルティング会社が考えるほど綿密な内容や意思決定過程で決まった戦略ではないが、その後の分析で指摘されるほど「行き当たりばったり」のものでもなく（文、2009）、確かに販売戦略はあったのです。そして、その戦略を考えた階層は経営層や事業部長などの上位階層ではなく課長であり、それを経営層が否定しないことで戦略として成立しているという見立てができます。「カブ」を生み出すためには技術という組織能力は必要であり、現代のホンダの先進的な商品開発のイメージから技術先行の議論が示されがちです。しかし、この事例の場合は「不良ではない、一般人が乗るバイクメーカー」という、ポジション取りが起点にありました。したがって、3つの戦略タイプ分類でいえば、ポジショニング戦略といえるでしょう。

なお、留意したい点としては、このパターンでの模倣困難性を目指す場合、独りよがりな視点で「ありもしない幻の市場」が見えてしまっている状態と紙一重な部分があります。この不安を解消するためには、コンセプトテストやテスト販売などが有効でしょう。

ホンダの場合は最初こそ小売店を自社の費用で設立しました。その後、自前店舗を拡大するのではなく全米最大規模の店舗網を構築するために、現地の企業家に委託して出店を加速しました。このように初期段階はアダプティブ戦略を採り、撤退の可能性を念頭に置いた上で市場参入し、市場の反応をみるといった「お試し行動」を推奨するような企業風土の醸成が必要です。「お試し行動」については組織が市場に進出し、市場から学び取っていくことから「ラーニング」と呼びます。そしてラーニングを主張する学者たちを、「ラーニング学派」と呼んでいます。

5-3

パターン②競合が模倣したくても失うものがあるシナリオ

次に紹介するシナリオは、競合は自組織のコア・シナリオを知っているが模倣したくなくなるパターンです。ＶＲＩＯ分析的な「競合企業が模倣しようとすると経済効率が悪いので模倣しない」ケースとは異なる理由で模倣したくなくなるものです。

それはコア・シナリオの実行にあたり、競合には「失うもの」があるから実行できないパターンです。このように述べると大手企業が参入するには「法的にグレーゾーン」とか、「コンプライアンスに抵触する恐れが高いため尻込みする」ようなビジネスが真っ先に思い浮かぶ人がいるかもしれません。しかし、そうでなくとも、このパターンは存在します。

それは業界標準の規格や、ソフトウェアビジネスにおけるプラットフォームの変更を伴うものです。業界規格の主導権を持っていたり、プラットフォームをもっていたりするような大企業なら話は別ですが、多くの企業は、これらの規格やプラットフォームに依存してビジネスを展開しています。既存の規格にしたがわないか、既存のプラットフォームで展開しない方が明らかに消費者に高い価値を提供できるのに、過去の資産があるから、そこから離れられない企業は市場に沢山存在するでしょう。そうであれば、これらの企業から模倣されることは少なくなるはずです。事例を紹介します。

まず、業界標準の規格を捨てて新たな規格を提案することにより、ある種「ぬるま湯」だった市場に刺激を与えた例です。現在は大手携帯キャリアとして有名なソフトバンクですが、一般向けの商用通信ビジネスとして最初に成功したビジネスは、２００1年に「Yahoo!BB」のブランド名で参入したＡＤＳＬ事業でした。当時、主流だったのは電話回線をデジタル化したＩＳＤＮでした。また、新世代の回線として提案されていたのが光ファイバーによるＦＴＴＨです。現在はＦＴＴＨが主流であり、当時からＦＴＴＨが主流になるだろうと予測されていました。

しかし、ＩＳＤＮはリーズナブルであるもののネットワークゲームなどをするには不満足な回線スピードであり、ＦＴＴＨは現在よりも高価でした。例えば、当時ＩＳＤＮで3分程度のポップスの楽曲1曲をダウンロードするのに20分はかかりました。このような環境下では、先行企業が価格主導権をにぎります。先行企業であるＮＴＴはＦＴＴＨの普及率を見すえながら、収益最大化の観点にしたがって価格を設定すれば良いのです。その意味で、当時のＮＴＴは一定の収入を毎月得られる安定したビジネス環境にありました。現代風に言えば、リカーリング収入ということです。

一方、海を隔てた韓国やアメリカでは、「ＡＤＳＬ」という、より高速な回線が普及していました。ＡＤＳＬは家庭でのインターネット利用がウェブやメールの閲覧など、データのダウンロードを中心としている点に着目し、アップロードよりもダウンロードの回線スピードを速める発想で開発された技術です。これにより韓国やアメリカではオンラインゲームを始め、オンラインビジネスが発展していました。

かねてより高い回線料が日本でのブロードバンド普及の妨げと考えていたソフトバンクの創業者であり社長でもある孫正義さんは、ＦＴＴＨの普及によりＩＳＤＮだけでなくＡＤＳＬも性能差によって消える運命が分かっているにもかかわらず、低価格帯によるＡＤＳＬ回線「Yahoo!BB」を展開します。ＡＤＳＬ回線の敷設にはＮＴＴの電話回線設備の開放が必要でした。しかし、総務省がなかなか認可しないため総務省まで乗り込み、「（ＮＴＴの設備を開放しないなら）ここでガソリンをかぶって死ぬ」と述べたと報道されました（榊原、２０１９）。

最終的には設備開放が認められソフトバンクは事業開始にこぎつけました。このビジネスについては、全国の街頭で「Yahoo!BB」のスタッフがＡＤＳＬモデムを無料配布し、泥臭く営業していった事例が、今でも教訓的に語られることが多いです（モデムは、電話回線のアナログ信号をパソコン用にデジタル信号に変換する装置）。しかし、これは巧みな営業施策としてのマーケティングの話であり、人口減少が社会課題でもある現代の文脈では、このような「人海戦術」やそのマネジメントの話は参考にしにくいでしょう。

むしろ知見として注目したい点は、事業戦略としての構想力や意思決定にあると考えられます。それは、世の中のＩＳＤＮ回線事業者が十分ビジネスを成り立たせ、当時でもＦＴＴＨの普及が目に見えていた中で、ＡＤＳＬ回線事業への参入を決断した意思決定にあるのではないでしょうか。そして、この意思決定の背景には圧倒的な回線数の確保による限られた期間での投資回収の構想がありました。そのため、当時のＡＤＳＬ事業者はもちろんのこと、ＩＳＤＮ事業者の平均的料金よりも料金を安価（２，４６７円）に設定して消費者が「Yahoo!BB」を選択せざるを得ないぐらいの強力なメリットを創出しました。サービス品質でも「Yahoo!BB」の通信速度8Mbpsは、当時の平均的なADSL事業者と比較して4倍程度に匹敵する高性能でした（ソフトバンクニュース、2019）。結果としてソフトバンクはピーク時で500万回線超という圧倒的な回線数を獲得し、参入4年後の2005年には黒字化を果たしました（榊原、2019）。

次に既存のプラットフォームからの脱却の事例として、2010年代からの携帯電話ゲーム企業の栄枯盛衰を挙げます。携帯電話で行うゲームは、かつて「ソシャゲ（ソーシャルゲーム）」と呼ぶ人も多く、ゲームを主体としたSNSプラットフォームで遊ぶゲームでした。その代表的なプラットフォームとして「モバゲー」などがあります。今でも会員制プラットフォームは存在しますが、2000年代後半から、その年を代表するようなゲームが、これらの独自のプラットフォームでリリースされていました。

そして、これらでリリースされていたゲームへのアンチテーゼとして開発されたのが、ガンホー・オンライン・エンターテイメント（以下、ガンホー）のゲーム「パズル&ドラゴンズ（パズドラ）」です。開発元のガンホーには、このゲーム開発費として企画時に数千万円程度の予算しかありませんでした（東洋経済ONLINE、2013）。現在の商業ベースのスマートフォンゲームの開発費の多くは数億円規模ですので、きわめて限られた予算ですが、同ゲームのプロデューサー・山本大介さんは、ゲーム本来の面白さを追求する気持ちを高くもっていました（東洋経済ONLINE、2013）。ただし、戦略の観点からいえば、「面白い」だけでは主観的な内容ですし、現在のスマートフォンゲームから見ると当たり前過ぎるように思われるかもしれません。しかし、当時のガンホーにはどちらに対しても解像度高く説明できる根拠があったのです。

まず、当時のソシャゲの多くは「カードバトルゲーム」というジャンルが主流であり、それはカードをめくると、確率的にプレイヤーのゲームの勝敗結果が決まってくるゲームでした。ユーザーは課金すれば、課金額を増やせば勝ちやすくなる仕組みでした。

ガンホーの森下一喜社長によると当時のゲームユーザーは、このような状況に嫌気がさしていたそうです（東洋経済ONLINE、2013）。また、この仕組みですと暇つぶしなどの目的でカジュアルにゲームを楽しみたい人は遠ざけられ、ターゲット顧客の幅が極端に狭まる恐れもあります。ソシャゲのゲーム会社は自社のゲームを「カジュアルゲーム」と呼んでいたにもかかわらず、ゲームユーザーがマニア化していく皮肉な状況が生まれていたのです。そこで森下社長はユーザーのゲームへの「収斂度」を合言葉に（東洋経済ONLINE、2013）、ユーザーの適度な努力要素をゲームの勝利条件に取り入れる開発思想で、「パズドラ」を開発するよう指示したのでした。

ゲームの達成に努力の要素があるからには、ゲーム自体の操作性を高める必要があります。ガンホーは、家庭用ゲーム機やPCオンラインゲームの開発経験が豊富であり、それを達成するための組織能力がありました（東洋経済ONLINE、2013）。そのためには既存のゲームユーザーが多くいるSNSプラットフォームを捨てて、当時の日本で普及しきっていないものの、より操作性の高いゲームを開発できるiPhoneやAndroidをプラットフォームとする決断があったとみられます。また、ゲームが高機能化するとソフトウェアの容量が増えて、ユーザーのダウンロード時間が増大し、離脱の原因になります。そこで、チュートリアル(ゲーム初期段階で基本的な操作法を解説するための簡単なゲーム)を無くして、外部化する方策を取りました(GIGAZINE、2012)。すなわち、ゲーム関連の攻略記事や公式X(当時Twitter)にリンクし、ユーザーには攻略記事やSNSで基礎的な操作手順を確認してもらうことにしたのです(GIGAZINE、2012)。当時、ゲームの公式が、外部の攻略記事にリンクを貼ることは異例でした。

一方、既存の「ソシャゲ」としてのカードバトルゲームを主流とする企業は、ガチャの確率操作で、パラメーター(数値による設定)を変えれば収益が得られる「法則」を確立しています。そのためにゲームを主体としたSNSプラットフォームでのビジネスを捨てきれませんでした。ゲーム業界で目標設定の数値化が叫ばれ、「KPI(key performance indicator)」という言葉が盛んに叫ばれるようになっていたのはこの時期でした。

しかし、「パズドラ」は数値だけの事業計画は作らず「自社の開発力を基盤として適度な操作性を伴うゲームを開発し、携帯電話上のゲームでも達成感という価値を実現する。これにより、従来のカードバトルゲームから離れていた、または、そのターゲット顧客になっていなかったユーザー層を取り込む」というコア・シナリオを描き、実現したのです。

業界標準の規格や、プラットフォームの変更には決断が必要です。そのため、この模倣困難性を生かした戦略は、戦略の3類型の中ではポジショニング戦略の色彩が強い方法です。もちろん、これらを変更するにあたり、対応する技術力などのケイパビリティを求められたでしょう。ただ、パズドラの場合、ガンホーはプラットフォーム変更に対応した技術開発をしたわけではなく、オンラインPCゲームでのノウハウを転用し低予算でゲーム開発を成し遂げました。

5-4 「オリジナリティ」の定義

戦略の「模倣しづらさ」は自組織だけのオリジナリティです。「オリジナリティ」と呼ぶと何をしてよいのか分からず漠然としますし、敷居が高いイメージがあります。

しかし、本章で示したいずれかのパターンであれば、自組織として実現の可能性がある感じが、少しはするのではないでしょうか。そして、「模倣困難性」を構築するためには自組織の組織能力を起点に、組織内外の環境を観察する必要があります。

まず自組織については、バリューチェーン（value chain：価値連鎖）を、描くことがその起点になるでしょう。バリューチェーンとは、事業活動が時系列に進むという前提をもとに「原材料の獲得、中間製品の製造、最終製品の製造、販売と流通、販売後のサービス（Barney, 2002: p.245）」といった流れに沿った自組織の活動の全体像を表します。

この中で、他社にとって模倣困難な部分を探し出すか作り出していくわけです。一般的な説明はこのようなものであり、これに則って紹介されるのが、コンサルティング・ファームのマッキンゼーが考えたモデルです（Barney, 2002）。ただ、マッキンゼーのモデルでは「事業活動が順を追う」という前提を取っているために、そこから捨象される活動が見過ごされる恐れがあります。このような背景から、コア・シナリオにふさわしい模倣困難性をみつけだす際には、ポーターが提案したモデルを参照すると良いでしょう。

ポーターのモデルでは、企業活動を「主要活動」と「支援活動」に分類しており、主要活動は製品の製造と流通に直接的に

マッキンゼーモデルのバリューチェーンの例

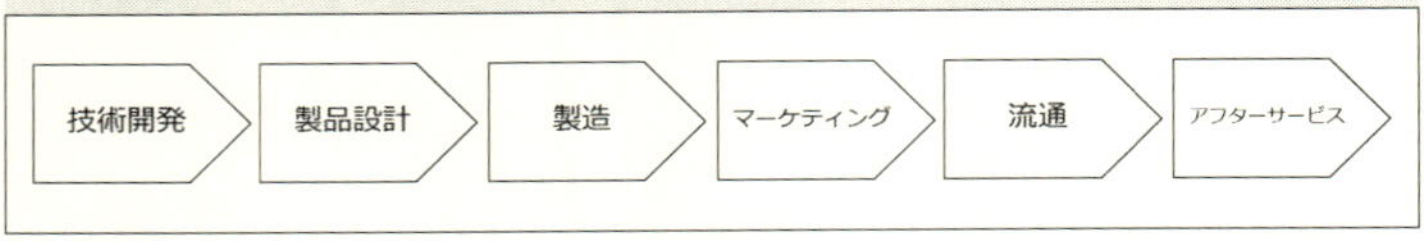

Barney（2002：p.248）を基に筆者作成

ポーターモデルのバリューチェーンの例

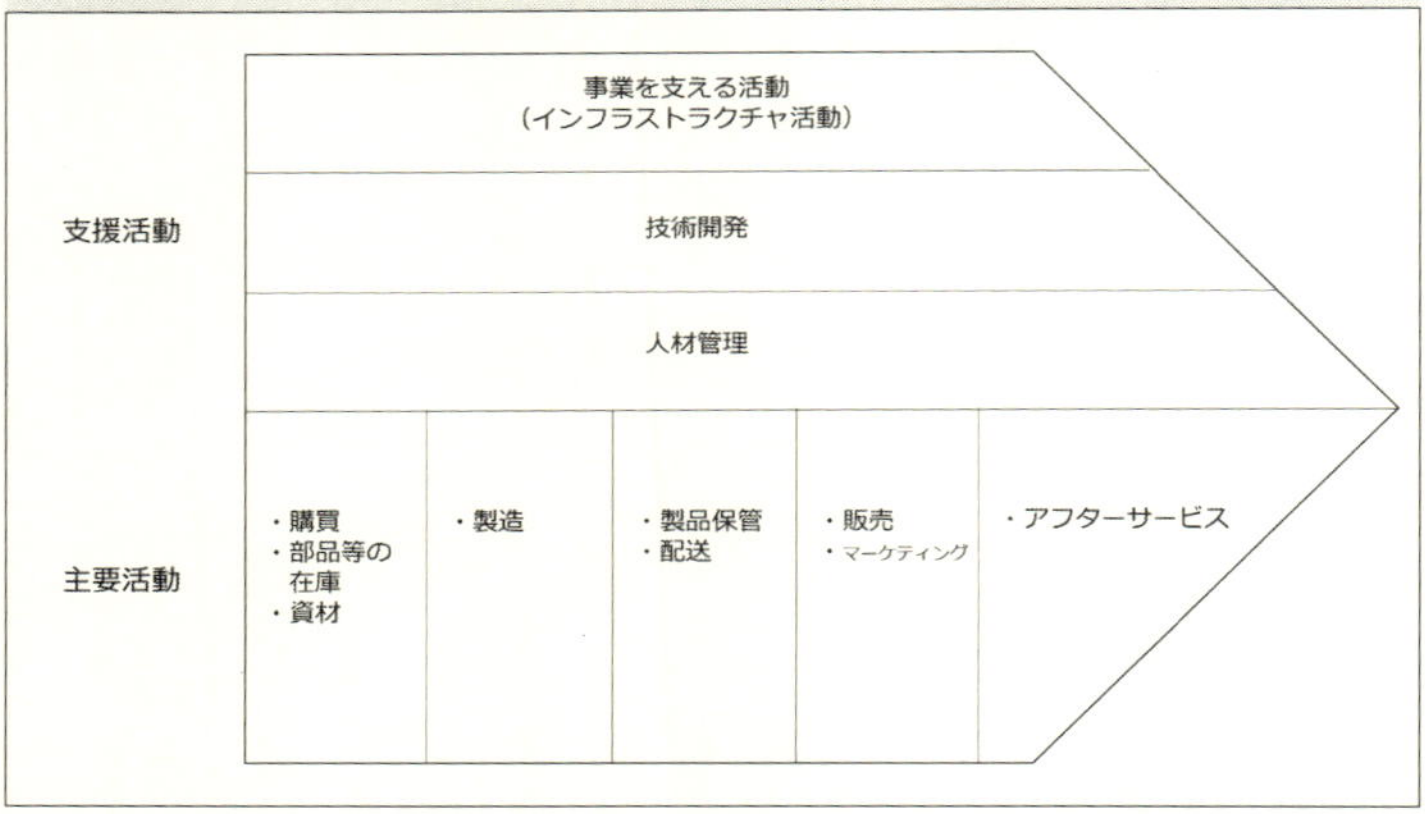

Barney（2002：p.249）を基に筆者作成

関連するものです。必ずしも、順次性を考えて事業活動を記述する必要はありません。支援活動は、事業を支える財務、法務、情報基盤に関わる活動、技術開発、人材管理が挙げられます。

ただ、ポーターモデルでバリューチェーンを作ると、今度は業務の順次性という視点がない中で事業を洗い出すため、マッキンゼーモデルで洗い出せていた活動を見落としてしまう人がいるのも事実です。できれば、マッキンゼーモデルで順次性をもとに事業を洗い出した後、ポーターモデルでまとめると、このような問題が生じにくくなるはずです。

この作業が終わると、自組織の模倣困難性をみつけだす作業に入ります。そのためには、競合や消費者を知る必要があり「SWOT分析」の「外部環境」の項目を使うことも多くあります。しかし、「SWOT分析」の「外部環境」の項目は、誰の視点でのどのポイントの外部環境を分析するかが、はっきりしていませんでした。見る人の視点や見る人の視野によってポイントが変わりがちでした。

コア・シナリオの模倣困難性の創出

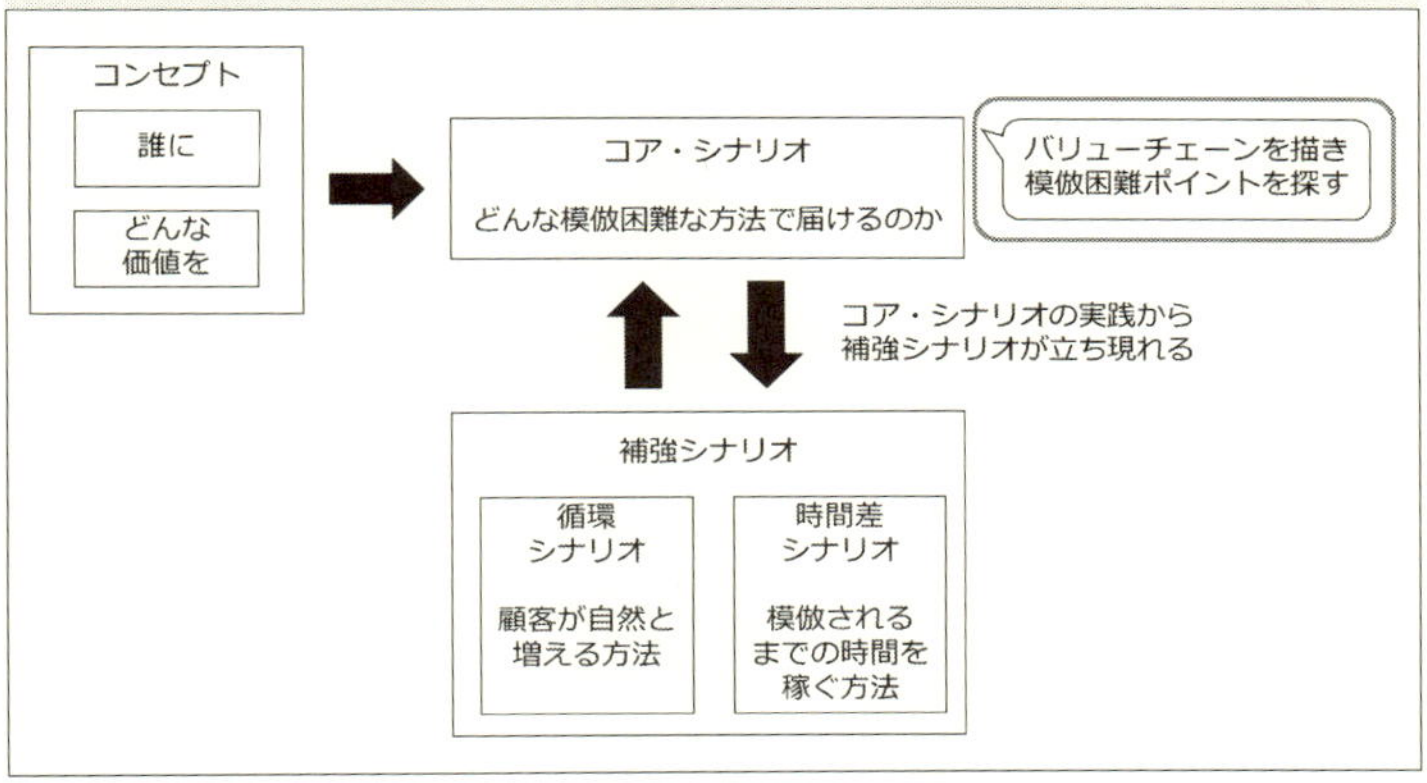

そこで外部環境の確認において、はっきりと「模倣」という視点を定めて、その際の「視野」について解説しました。これらにしたがえば「模倣困難性」に関する検討が独りよがりになりづらいはずです。

再度述べますと、ここでいう「独りよがりになりづらい」の意味合いは、単に客観的な分析によってもたらされるものではなく、ここまで本書が述べてきた意味合いにおいてです。模倣困難性には、4つのタイプがありましたが、「競合はコア・シナリオを知っているが、模倣が困難に見える」と「競合に『失うもの』があるから模倣したくない」の2つは、競合の認知によって「見える」場合と「見えない」場合があります。あくまでも重要なのは「競合の視点から、どう見えるのか」です。

5-5

戦略策定に失敗するパターン

最後に、ここまで、あまり失敗事例をご紹介していなかったので失敗事例も紹介します。セミナーや授業で成功事例を紹介すると、「失敗事例が欲しい」とお話を頂くことが多いです。成功事例の理解だけでも問題はないのですが、失敗事例により、どんな失敗があり得るかのイメージが付きやすいという効用はあるかもしれません。

その例として電子決済サービスの「Origami Pay」を挙げます。電子決済サービスは、2020年代前半に急激に普及しました。その先陣をきって2013年に市場に参入したのがOrigami Payです。Origami Payは、どのような見立てで、この市場に参入しようとしたのでしょうか。

創業者は、あるインタビューでトヨタファイナンスと提携した「TOYOTA TS CUBIC Origami Pay」や「LEXUS Origami Pay」を挙げ、クレジットカードの「VISAカード」との共通性を主張します（PRESIDENT Online, 2019）。それは、VISAが「○○VISAカード」という名称で提携カードにより展開している点です。他の電子決済がポイント制度による会員の「囲い込み」を進める中、同社は他社との提携による「オープン戦略」を掲げていると主張しました（PRESIDENT Online, 2019）。では、このオープン戦略は、これまで挙げてきた、どの模倣困難性に当てはまるのでしょうか。

競合のPayPayがマネできないか、何らかの事情でマネしたくない施策なのでしょうか。結論からいえば、どちらにも当てはまりません。提携カードは、もしかしたら外からは伺い知れない理由で、PayPayとしてマネしたくない施策だったかもしれません。ただ、それはPayPayが後発で提携施策を模倣して推進したところで、遅れを取り戻せなくなるようなものではありませんでした。

一方、PayPayは資金力を背景としてサービス利用での高率の還元キャンペーンを実施しました。PayPayを運営するソフトバンクにとって、Origami Payなどの競合が小資本で資金力に乏しいから勝ち目が見える施策だったのです。

6.

戦略のコア・シナリオ（事業戦略）とビジネスにまつわる戦略言説の関係

6-1

戦略群の整理と本書の立ち位置

ここでは、紹介してきた戦略のコア・シナリオの考え方を、どのような過去の研究に基づき述べているのかをご紹介します。このような知識が戦略策定に必要な理由は、「戦略がなんとなく作れてしまうことがあるから」です。ここまででも、戦略とそうでないものの判別について様々な角度から述べてきました。本章では、さらに経営に関する戦略の各種言説を一通り確認し、それらと事業戦略との違いを述べることで、より事業戦略のイメージを際立たせます。

とはいえ、すでに経営戦略については2010年代以降、優れた訳書や日本語書籍が豊富にあり、それらを羅列することはしません。ここでは、各戦略の位置付けを示した上で、本書の位置付けを述べます。

事業戦略をまとめた書籍では、それぞれの戦略がどのような流れで生まれたかまで記述されていることは少ないです。しかし、学者は先行研究を踏まえて、その欠陥を改良した自分の戦略を生み出します。戦略の歴史は大まかに言って3つの流れに集約されます。

それが、本書でも時々言及してきたポジショニング、ケイパビリティ、アダプティブの3つでした。最初にマイケル・ポーターによりポジショニング、すなわち企業が取る立ち位置への着眼がありました。おさらいしますとコストリーダーシップ、ポジショニング、集中という3つの戦略です。ただ、集中戦略は能動的に描く戦略シナリオというよりも、ビジネス情勢により取らざるを得ない状況として捉えられます。

その後、バーニーはケイパビリティ、つまり経営資源が競争優位の源泉であると主張しました。そこで提唱されたのがＶＲＩＯ分析です。なお、ポーターの考え方はこの時に相対化されて、ポジショニング派と呼ばれました。

両者の論争は１９８０年代を中心に展開されました。その後、２０００年代からは両者の融合を検討する動きが出てきました。その代表格が現在、多くのビジネスパーソンが口にするブルーオーシャン戦略です。ブルーオーシャン戦略は先にも述べた通り、競争戦略論に「非競争」というスローガンを持ち込み、実務家が受容したくなる論理を展開しました。ブルーオーシャン戦略は従前のフレームワーク式の戦略論よりは、戦略の立案から実行にかけた構築方法への言及が行き届いています。しかし、先に述べてきた通り分析過程での消費者における価値の評価方法に課題を残しています。

一方、本書ではコア・シナリオにおける模倣困難性を議論しました。それはポジショニングにより実現する場合もあれば、組織能力によって達成される例もみています。本書が提唱する戦略の根幹は、ポジショニングとケイパビリティのいずれかへの強調を状況に応じて使い分ける点にあります。このような立場の理論を「状況適応理論（コンティンジェンシー理論）」と呼びます。

ポジショニングとケイパビリティについては、かつて論争があり、ルメルトによる実証研究からケイパビリティの優位性が主張されたことがありました（Rumelt, 1991）。「絵に描いても、それを実現できる能力の方が重要」という結論は、それなりの説得力があります。一方、本書で議論した模倣困難性としては、VRIO分析で典型的に挙げられている以下の①や②よりも、多くの企業での実践の観点からは③と④のパターンが主力であるとします。これらはポジショニング戦略にあたるものです。

①権益がある
②競合企業が模倣する経済効率が悪い
③戦略を模倣すると競合に失うものがある
④競合の視点からは、まとまった市場規模が見えない

ただ、ルメルトの研究結果でもポジショニングの影響がゼロというわけでもありませんでした（Rumelt, 1991）。この論文では直接「ポジショニング」という言葉は使っておらず、「ポジショニング」に該当する概念は「参入市場」です。例えば、③や④のような「実態はともかく競合からの認識がどのようであるか」までを考慮したデータではありません。つまり、ポジショニングとケイパビリティのどちらが企業業績に大きな影響を与えているかに関する研究結果だけを基にして「戦略は〇〇に基づくべき」と判断するのは早計かもしれません。

２０１０年代以降は、ウェブの広告テクノロジーの発達に伴い「Ａ／Ｂテスト」がバズ・ワード化しまし

た。改めて述べますとA／BテストではパターンAとパターンBの2種類のデザインの広告を比較し、どちらが最適な広告であるかを実験して決めるためのテストです。そして、このような戦略構想方法がアダプティブ戦略の理解の一環として紹介されるようになりました。他にも2000年代に海外で提唱され、日本では2010年代に一世を風靡した「デザイン思考」や「エフェクチュエーション」も、これらの一環と位置付けられるでしょう。

デザイン思考の詳細な定義にここでは立ち入りませんが、その心は「まず、リスクの少ない方法で本番に近い環境（プロトタイプ）を簡易に作って試してみる」です。例えば、ウーバーイーツの創業時は簡易的なペライチのウェブサイトを作り、発注者が出前を注文すると創業メンバーが直接、出前を届けていたそうです。このような経験をもとにウーバーイーツの創業メンバーは、サービスを磨き込んでいきました。

また、「エフェクチュエーション」の思想の心は「自分が取れるリスクの上限値を見定めて、その範囲内で動けることは積極的に動く。そのプロセスで知り合った人に協力を依頼し、徐々に自分の影響範囲を広げていく」というものです。エフェクチュエーションは、サラスバシーという学者の博士論文から発展した考え方です（吉田・中村、2023）。同研究で行われた実験では過去に好業績を残した経営者を対象にして、新規会社を設立する状況を想定した意思決定をしてもらったそうです。意思決定に至るまでの発話データを分析したところ、発見されたのは事前に参入市場へのマーケット調査は行わず、まず自分で取れるリスクの上限を見定め、その範囲で可能なことを実行するという行動原理でした（吉田・中村、2023）。

デザイン思考とエフェクチュエーションの行動原理を総合すると「自分で取れるリスクの中で、すぐできることを実施し、軌道修正する」といえるでしょう。これらは最初から、しっかり計画を決めて、あまり軌道修正しない従来の戦略観を変えました。つまりアダプティブです。

本書に即していえば、特にポジショニングによるコア・シナリオの場合、競合にとっての「模倣困難性」を創出できているかを、戦略遂行者が客観的に認識するのは困難です。そのため、アダプティブなスタンスを取り、リスクを抑えた形でのコンセプトテストやテスト販売をセットにして戦略行動を取るのが妥当だと考えています。

6-2

事業戦略と組織戦略

戦略の話が出てくる際に重要とされるのが組織の話です。ここでは、戦略の実行部隊としての組織に着目します。

まず戦略を実行する組織の分析で必要な観点が指示系統です。指示系統の話はつまるところ中央集権型と分権型に大別されます。チェーンストアを例に取ると中央集権型は本部の指示にしたがって各店舗が運営をするものです。戦後の大手チェーンストアのコンサルタントとして活躍した渥美俊一さんは、チェーンストアの経営の鉄則として、中央集権型の重要性を訴えていました。

一方、回転ずし「銚子丸」の例でも描写したように、今日では分権型のチェーンストアの成長が著しい状況が現れています。チェーンストアとしてベーシックなメニューはありつつも、店舗ごとのオリジナルメニューで店舗としての個性を出している「餃子の王将」、「物語コーポレーション」は、メディアで取り上げられる機会が多い分権型組織です。

また、小売業では「ドン・キホーテ」の売り場担当者への仕入れ権限移譲は有名です。創業者の安田隆夫さんは、ドン・キホーテの最初の店舗を出店していた頃、従業員が自分の教えた通りに陳列できないことで相当に悩んだそうです（安田、2015）。どんなに教えても自分が陳列した売り場の方が、売上が高い。なぜ、従業員は言った通りに、できないのだろうか。思いつめた結果、ある時から完全に陳列業務を従業員に任せるようにしました。その結果、自分が陳列していた時点も超えて売上が上がるようになり、この権限移譲が定着していったのでした。

このように書きますと「分権型が良い」という結論を期待したくなりますが、結局、反証例を挙げようと思えば、いくつも挙がります。結論としては、その組織としてコア・シナリオを実現しやすい方で良いのです。

また、組織と戦略の問題となると決まって出てくる言葉が「組織は戦略にしたがう」という言説です。この言説はアルフレッド・D・チャンドラーJrの名著『組織と戦略（Strategy and Structure)』で登場するもので、象徴する事例として有名なのがアメリカの化学メーカー・デュポン社の事例です。

同社は第1次世界大戦時に生産力を高めるために経営資源を大量に投入しました。しかし、戦争が終わると余剰設備や余剰人員が目に付くようになり、これらの活用としての多角化戦略を立案しました（佐藤、2023）。現代のアメリカのイメージからは、あまり想像がつきませんが、当時のアメリカ企業は、特定の事業で採算が取れなくなっても容易に解雇せずに人員活用を考えたということです。その際に取り入れたのが、事業ごとに会社の中に架空の会社を作り、部署ごとに損益計算する事業部制でした。ただし、社内から反対の声が上がり、事業部制の導入までには1年の月日がかかったようです（佐藤、2023）。余剰人員の活用からの事業部制の導入という流れを見ますと、「組織は戦略にしたがう」ではなく「戦略は組織にしたがう」が実態として正解にみえます。組織を変える方が戦略を策定するよりも時間がかかるため、組織が戦略にしたがっているように見えるというわけです。

組織は一度決めると変更しづらいものです。だから結果として見たときに戦略変更して一定期間をおいた後に組織が変わっているように見えやすいのです。

今の組織編制で良い戦略シナリオが実行可能ならば、それに越したことはありません。一方、組織編制を変えることで組織能力が向上するにもかかわらず、何らかの理由でその勇気がないために、悪いシナリオを選んでしまっては本末転倒です。

6-3

事業戦略とマーケティング戦略

本書では事業戦略（競争戦略）について掘り下げてきましたが、マーケティングとの関係性にも触れておきます。マーケティングというと、フィリップ・コトラーという学者の名前を聞いたことがある人は多いかもしれません。コトラーは経済学出身の学者です。もとは経済学の原理に基づく量的な研究成果を残していました。その後、各種のマーケティング研究の位置付けを明らかにして、実務にも生かすための示唆をまとめた教科書的な書籍で名声を得ました。

ただ、これらの教科書としてのマーケティングで、組織能力に着目することはきわめて少なく、登場するフレームワークは経済学的です。たとえば、4Pというフレームワークは、商品（product）、価格（price）、流通（place）、プロモーション（promotion）の英単語の頭文字が「P」であることから名付けたフレームワークです。ただ、このフレームワークをもとに、ある事業の4Pを書きだし、これらがバランスよく組み合わせられた施策を突然考えるのはむずかしいでしょう。また、何をもって「4つのPが最適化された」といえるのかもあいまいです。実際のところ、マーケティングの論文の多くは4Pの各Pの枠の中で論じられており、4Pを最適化する研究課題の論文は案外めずらしいです。

仮にバランスのよい4Pを考えられたとしても、それは考案した当人の過去の経験などによるところが大きく、「アート」の世界に近いものです。ただし、4Pのフレームワークはマーケティングを実践する人がチェックリストとして活用するには有用です。

戦略のコア・シナリオにおいてマーケティングは後述する「循環シナリオ」に位置付けられます。マーケティングの定義は、学者やコンサルタントの数だけあります。その中でもわずか9文字で言い表した「売れる仕組み作り」という定義は、日本では大学の授業だけでなく実務のセミナーでも普及している定義です。循環シナリオはまさに「仕組み」であり、マーケティングに関する学術・実務の認識と大きな相違はないと考えられます。

実のところ、マーケティングと事業戦略は互いにお互いの学術的知見を取り込んでいる部分があります。一方、実務では「マーケティング」が調査・販売・宣伝・流通を意味し、事業戦略は商品・サービスの問題として捉えられている場面が多いです。価格については、どちらでも検討されているでしょう。

マーケティングの4Pに「商品」が含まれるとおり、マーケテ

マーケティング戦略と「コア・シナリオ戦略」との関連性

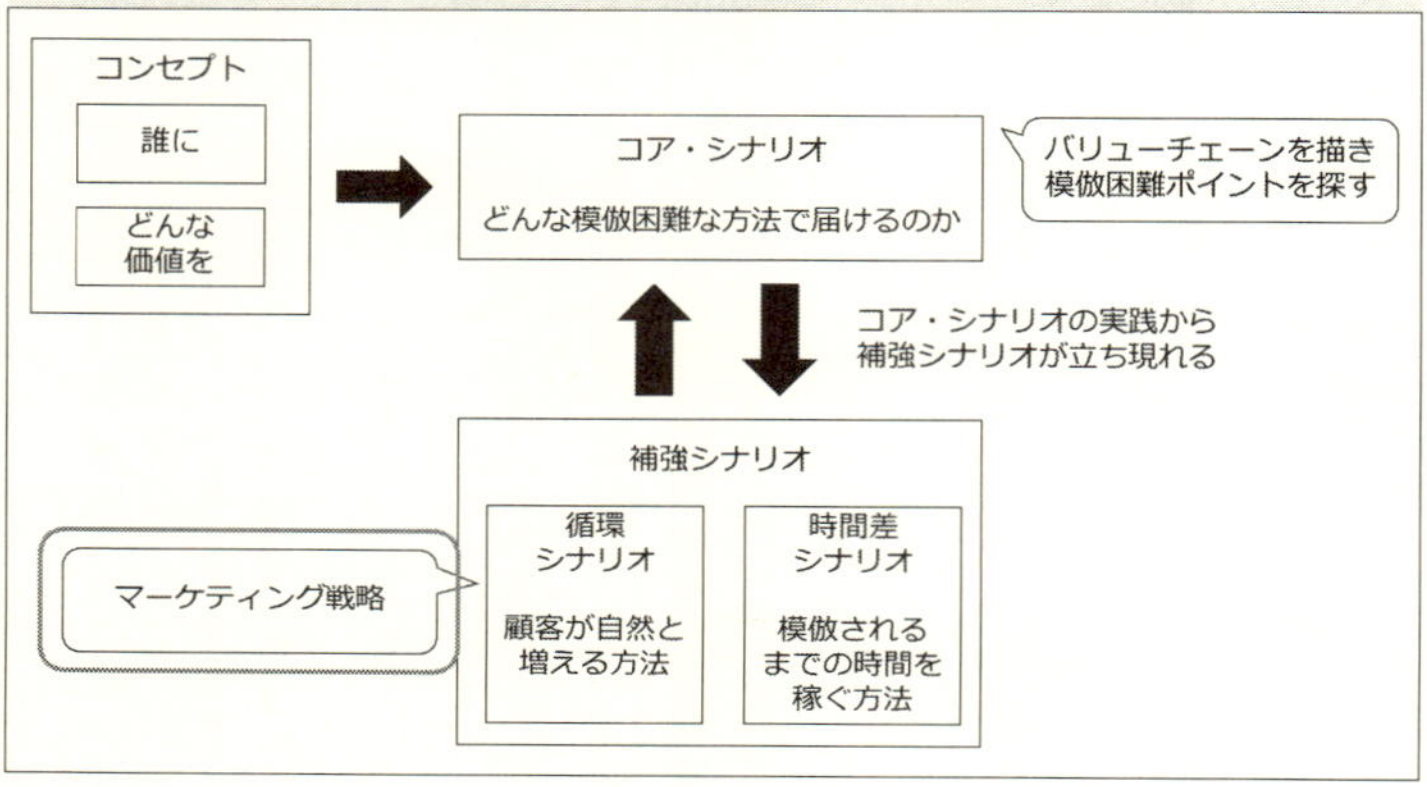

ィングは商品・サービス企画にも影響あるものですが、バリューチェーンの順次性を考えた時に、先に来るものは商品・サービス開発であり、特に新規事業では事業戦略の考案とともに同時に検討するのは商品・サービスです。

組織のセクショナリズムは望ましくない点は踏まえつつ、事業戦略とマーケティングの責任領域を明らかにすることで、組織としての無駄な動きを排する必要はあるでしょう。これは、組織メンバーが自分の意見に自信をもって発言できる心理的安全性の醸成にもつながりますし、ガバナンスの強化にもなります。ただし、価格については、適切な利益率の観点、消費者の需要の観点、そして後に述べる収益モデルとしての妥当性の観点があり、異なる3つの原理があります。価格決めは各セクションの認識を統一する役割を担える事業責任者が積極的に関与すべきものといえるでしょう。

6-4 事業戦略とブランド戦略

ところで、事業戦略の話をすると、マーケティングに関連した概念としてコア・シナリオにブランドの話を持ち込む場合があります。つまり、競争戦略を構築しようとしているのに、「ブランドを確立して、競争を回避～」といった言葉が企画書に踊るのを、よくみかけます。しかし、ここで明らかにしないといけないのは「非競争」の文脈が存在するか否かです。その結論は、先に述べた理由で「例外的事項を除き、存在しない」と考えた方が良いということでした。

そうはいっても「市場には確かに自社の競合はいる。しかし、その市場の中でブランドを確立できれば、『唯一無二』の存在になれるのではないか。私たちはそれを目指しているのだ。」という意見もあり得ます。ただ、それはどのようなマーケティング活動でも同様です。セグメンテーションを基盤としたマーケティングでも、競合製品・サービスと違うポジショニングを探ります。戦略でも同様です。マーケティング、ブランド、戦略…経営学の概念は、それぞれの分野で同じ話をしていることが多々あります。

このように混乱した状況がある中で、俯瞰の立場からみたブランド戦略の定義として本書では、ブランド論の第一人者である田中洋さん（中央大学名誉教授）による定義「ブランドの理念を基準としてマーケティング意思決定を行う過程（田中、2002：p．38）」を参照します。田中さんによれば、この定義の背景には、そもそもブランド戦略を進めるにあたってはマーケティングをしっかりできることが必要であるという認識があるそうです（田中、2002）。そして、ブランド構築の過程は長期的なものであり、短期に効果を期待するものではないため、短期的売上を犠牲にせざるを得ない場合がある点も指摘しています。当月のセールスに主眼を置く営業部署からは「なぜ、うちの会社は売上にすぐ効きそうもない広告を出稿しているのか?」といった批判を受けることもあり得るでしょう（もっともブランド論の教科書では、そのような事態に陥らないよう、経営者がブランド戦略に関与し、戦略プロジェクトの序盤から各部署と合意する重要性を説きます）。

事業戦略であれば数か月で枠組みを作り、消費者の反応を得るところまでは、たどり着けるでしょう。しかし、ブランド戦略に関しては、短期的な売上成果を期待するものではないばかりか、成果指標自体を試行錯誤の上で自組織として開発する必要があります（田中、２００２）。これらの指標のプロトタイプは学者やコンサルタントが発表したものもありますが、指標を算出する根拠となる統計解析には、一定の数理的知識を要する場合も多く、誰もが理解するのはむずかしいものです。

つまり、ブランド戦略は事業戦略を立てた後の実行段階でマーケティング戦略として検討するものであり、補強シナリオではあっても、コア・シナリオにはなり得ないと考えた方が良いでしょう。

また、先述の田中さんは、企業がブランド構築に真剣に取り組むのは「事業そのものが時代と環境に合わなくなり、自分を見失いそうになったとき（田中、２００２：p．２０６）」と「企業が海外に進出したとき、それまでの企業ブランドが『異邦人』に通用しない事態を経験したとき（田中、２００２：p．２０６）」としています。つまり、本書が対象とするゼロイチの起業時ではなく、一定の地位を確立した既存ブランドが行き詰まりを見せたタイミングというわけです。新規ブランド構築の方法論も研究者や実務家から提案されていますが、実態としてブランド戦略の実施に目が向けられるのは、既存の商品・サービスの再生タイミングといっても良いでしょう。これらの背景から、まずは、ブランドはマーケティングの検討事項として位置付け、事業戦略としてはコア・シナリオを検討するのが先決です。

ところで事業戦略、マーケティング、ブランドに関しては、大企業になればなるほど、企業組織の中で各々の部署（経営層、経営企画部、マーケティング部、営業部ｅｔｃ）で通じやすい概念を中心に説明されることが多いです。

そして、これらの部署に配属された経験がない限り大多数の実務者は、これらを峻別して日々の業務に取り組んでいるわけではないと思います。また、学問研究の世界では３つのそれぞれが線引きを明確にしている一方、大学学部生向けの初歩のマーケティングの教科書の多くでは、さりげなく事業戦略の話が組み込まれていたりもします。むしろ大学時代に経営学を学んだ人の方が、これらを混然一体として捉えている可能性さえ考えられます。

しかし、私はマーケティング学者でありながら、実務を念頭に置いた本書では事業戦略を前面に出して語る体裁を取っています。その理由は、自分の体験の中で何よりも事業戦略から先に語らないと、「走りながら考える」ような限られた時間の中で組織を動かすのがむずかしいと痛感する体験があったからです。また、本

ブランド戦略と「コア・シナリオ戦略」との関連性

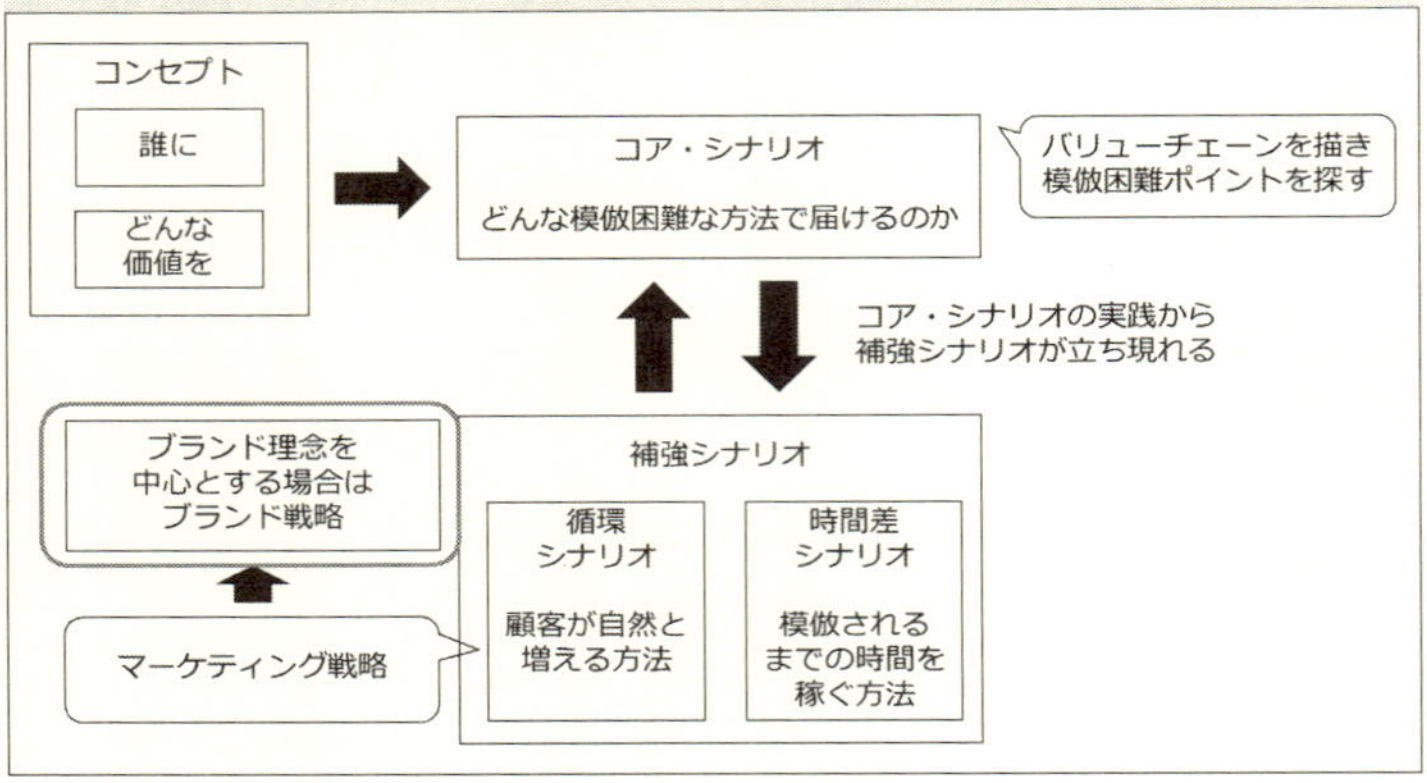

書で取材・引用した経営者の「語り」の中で、真っ先に言及するのは戦略という言葉でした。事業が成功するためには、その質とともに戦略に沿って組織が動くことが必要条件です。そして、各種戦略の中でも事業戦略が組織を動かすために有効な戦略です。

ブランドの効果を否定するものではありませんが、抽象概念が多いブランド論の理解には、むずかしさがあるというのも事実です。もちろん、組織メンバーがもともと備えているブランドの理解や、プロジェクト推進者の説明の仕方の問題もあるかもしれません。

ただ、唯一いえるのは、ブランドが組織の万能薬ではないことを踏まえた上で、組織メンバーがブランドについて言語化できるようになったタイミングからでないと、ブランド戦略は「お題目」に終わりがちであるということです。例えば、このような説明の部分だけをコンサルタントなどの第三者に依頼する例も散見されますが、組織リーダーが自分の言葉でも語れないと、メンバーは真摯に耳を傾けてくれないでしょう。

6-5

事業戦略とビジネスモデル

事業戦略と類似しているものの、実務上、違いがあいまいなものに「ビジネスモデル」があります。そもそもビジネスモデル自体も、人により定義が異なる状況が見受けられます。ここでは、ビジネスモデルの著書で有名な三谷宏治さんの定義を採用したいと思います（三谷、2024）。その定義を簡単に述べると「（1）ターゲット、（2）バリュー、（3）ケイパビリティ、（4）収益モデル」に分けられます。本書に当てはめると、（1）ターゲットと（2）バリューはコンセプトに含まれ、ケイパビリティは（3）コア・シナリオに相当するでしょう（コア・シナリオ戦略では、ケイパビリティとは限っていませんが）。

このようにビジネスモデルの位置付けを図式化するとコア・シナリオ戦略とは多くの部分で重複することが分かります。

逆に事業戦略とビジネスモデルとの違いを述べると、大きな違いは①戦略における競争優位性の考慮と、②ビジネスモデルにおける収益モデルの考慮です。

コア・シナリオでは競争優位性の源泉としての模倣困難性について、いくつかの側面から検討してきました。しかし、ビジネスモデルを検討する際には、模倣困難性に力点は置かれません。

一方、ビジネスモデル特有の「収益モデル」は、誰からどのよ

ビジネスモデルと「コア・シナリオ戦略」との関連性

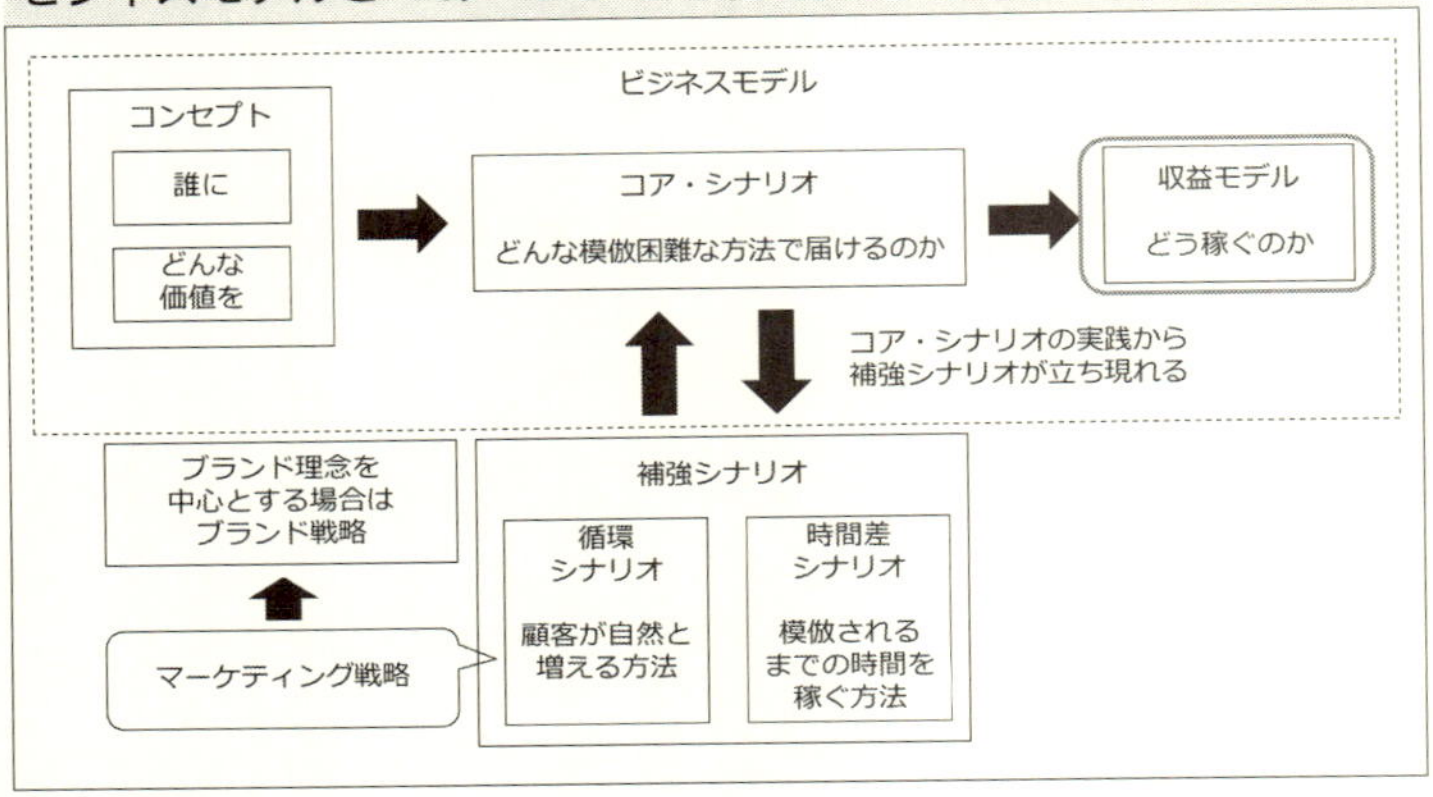

うに対価を頂くかに関する絵図です。デジタル化の進展に伴い、収益モデルが多様化しました。商品やサービスを無償提供して一部の消費者のみから金銭を頂く「フリーミアム」など、商品やサービスの提供対象と対価を頂く相手が異なる状況が出てくるようになってから、収益モデルは大きな検討課題となりました。収益モデルは、学術のマーケティング領域では4Pにおける価格（price）の課題として論じられることもあります。ただし、本書ではフリーミアムのような仕組みは収益モデル、数値として表される具体的な価格をマーケティングの課題として分けて考えます。

ただ、収益モデルが事業成立のための重要な要素としても、あくまでも、その源泉は価値とその提供方法です。「有効なビジネスモデルを考えましょう」というと、多くの人が既存のビジネスモデルの概念図を参照し、その概念図を構想中の事業に当てはめるだけの「作業」に陥りがちです。つまり、バリューチェーンと収益モデルのみを語っている場合が少なくありません。そして戦略を「有効」にするためには、すべての要素を同程度に俯瞰的に見れば良いのではなく、人間の認知の限界や癖を認識しながら、妥当な方向に導くよう認知を変える必要があります。例えば、社員研修などでは「漏れなくダブりなく『ＭＥＣＥ』に物事を考える」など「客観性」が重要視されます。このような考え方は、ビジネスにおける特定の場面では大事な視点ではあります。

しかし、事業の成功という観点からみたときに、いくぶん哲学めいた言い方をすれば「『客観』とは何なのか?」、「『客観』があり得るのか?」、「また仮に『客観』があったとしても、その見方が事業推進上、ベストであるのか?」という点まで考える必要があるということです（その上でMECEに物事を考えた方がよければ、そうしても良いですし、そうでなければ、別の認知の仕方を導入してみるということです）。

7.

戦略策定上の課題

本章では戦略を策定する中で立ち現れやすい、いくつかの課題について記述していきます。

7-1

戦略における「技術」の有効性

コア・シナリオを作成する中で沢山のアイディアが出てくる場合があります。この場合、どれも有用なシナリオだと錯覚しやすいです。

このような状況に陥りやすいシナリオが、技術を用いたシナリオです。結論を先に述べると、技術を用いたシナリオを作る場合は①価値提供を容易にする技術か、②提供コストを削減する技術を用いたシナリオに絞りこむ必要があります。コンセプトとして考えた商品価値の実現のために「自社の〇〇技術（特許取得済み）がある」というコア・シナリオは、一見すると妥当な感じがします。しかし、本当に妥当なのかは自分の目だけで判断できません。戦略策定者が一定程度、客観的に判断できる技術は、今挙げた2つのパターンのみといって良い状況です。そのような事例を紹介します。

世界で最初にコピー機を開発したのはゼロックスですが、ゼロックスの特許技術をすべて回避し、同社より安価なコピー機を作ったのがキヤノンです。1960年代、世界初の普通紙に複写できるコピー機としてヒットしたのがゼロックスの「ゼロックス914」でした（NHK「プロジェクトX」制作班、2012）。

このような状況下で当時、カメラの販売に陰りが見えて成長の行き詰まりを感じていたキヤノンは、他社から転職してきた田中宏さんを中心に、普通紙コピー機の開発に取り組みました。しかし、普通紙コピー機の開発の前には、ゼロックスが保有する約600の特許の壁が立ちはだかっていました（NHK「プロジェクトX」制作班、2012）。これらの特許をすべて回避しながら、ゼロから構築した技術で普通紙コピー機を作る必要がありました。その結果、キヤノンは1970年に普通紙コピー機「NP-1110」を発売します（NHK「プロジェクトX」制作班、2012）。残念ながらこの製品での事業は黒字化しませんでした。ただし、その後のキヤノンのコピー機参入の基礎を作り、今日のキヤノン躍進の契機となりました。

この話は過去にテレビ番組で紹介されて知っている人が多く、日本人の立場からみると「キヤノン躍進」の話として捉えることが多いです。他方で事業戦略の教訓としてゼロックス側の視点に立っていえることは、特許技術であっても絶対的に競争を阻止できないという点です。

では、キヤノン側の立場に沿って教訓を掘り下げます。コピー機事業の基盤が「NP-1100」にあるのは事実ですが、この商品は商業的に成功しませんでした。ビジネスとして飛躍したのは1982年の世界初のカートリッジ式複写機「ミニコピアPC-10／PC-20」以降です。なぜ飛躍したかというと、この機種からユーザーがインク交換できるカートリッジ方式に変更されたからです（キヤノン株式会社、2023）。カートリッジ方式はインク交換をサービススタッフに頼まずに済むので「コピー」という価値提供を容易にしました。また、カートリッジをユーザー自身が交換する仕組みは、スタッフの稼働が無い分だけコスト（人件費）が下がることを意味します。キヤノンはカートリッジ方式のコピー機という技術をもって価格を低減し、小規模オフィスでのコピー機普及に貢献しました（キヤノン株式会社、２０２３）。

このように小型カートリッジ方式コピー機は、技術がシナリオとして機能する条件としての「価値提供を容易にする技術」と「提供コストを削減する技術」の両者に該当します。

エピソードとしては「ＮＰ-１１００」の開発秘話は、田中さんという技術者個人の顔が見えて面白いため、多くの場所で語られています。ただ、戦略構築にあたっては最終的に「ミニコピアＰＣ-10／ＰＣ-20」を目指すべきというわけです。そうでないとファースト・ペンギンにはなれても、その後市場で主導権を取ることができず伝説として終わってしまうでしょう。「時代を先取りし過ぎた」とか伝説として終わってしまった商品の事例は、いわれてみれば案外身の回りに多いのではないでしょうか。

現代的な文脈でいいますと、２０２５年現在では生成ＡＩの話題がひと段落しました。しかし、むしろ今からユーザーにとって精度やレスポンスをストレスのない水準に高められれば、優位性と言って良いものになると思われます。

なお、「技術経営（Management of technology：MOT）」という言葉が浸透して久しいですが、日本での事例の多くは科学技術を応用する製造業での話題という印象があります。実際、大学院では経営学系ではなく理系の研究科を設置する事例が多いです。このような背景を基に考えると、日本の場合、技術経営は小売業、サービス業などテクノロジーへの取り組みに乏しい企業で活用した方が、コストリーダーシップや差別化に有効なはずです。もっともこれら産業の中でも一部企業では、人手不足が目立ってきている中で、海外と同等の取り組みを進めている企業もみられるようになりました。

7-2
戦略における「コア・コンピタンス」の有効性

ところで、コア・シナリオの「コア」という言葉から、経営に関する用語である「コア・コンピタンス」を思い出す人もいるかもしれません。日本では経営学者のハメルとプラハラードの原著を翻訳した『コア・コンピタンス経営（１９９５年発刊）』で多くのビジネスパーソンが知る言葉となりました。しかし、バズ・ワードだけに、その意味について「企業の強み」以上の理解が進んでいないかもしれません。そこで、二人の主張に当たってみます。

大前提を先にいえば、コア・コンピタンスは事業レベルよりも高次の戦略であると謳われており、本書の考え方に当てはめれば経営戦略に該当するものです。したがって、その考え方は「シナリオ」というよりは、資源配分の問題として捉えられています。そのことを象徴するように、ハメルとプラハラードは企業のコア・コンピタンスの定義を、次のように定式化しています。

ストック（特定のスキルを保有する社員数）
×速度（スキルをもつ社員がビジネスの機会を見出した部署に移動するスピード）
（Hamel & Prahalad（1994/1995, p.295）を基に一部文言を改変）

この式は経済学のマネーサプライ（通貨供給量）の式になぞらえたものであり（Hamel & Prahalad, 1994/1995）、経済学に造詣のある方であればおなじみかもしれませんが、そうでなければ意味を取りづらいかもしれません。そこで、概念の理解をしやすくするために同書が主張するコア・コンピタンス形成のプロセスを読み解きます。

まず、コア・コンピタンス形成の第一歩は、スキルや技術の開発や、それらへのアクセスです（Hamel & Prahalad, 1994/1995）。これには優秀な人材の採用も含まれます。そして、獲得したスキルや技術を合成していき、「コア・コンピタンス（ハメルとプラハラードは「企業力」とも言っています）」とする作業が第2段階です（Hamel & Prahalad, 1994/1995）。スキルや技術の合成の例としては、アップルにおけるiPhoneのインターフェースの開発が挙げられます。ガラスの製造技術、タッチパネルのセンサーの技術、タッチパネルで操作するための画面のデザイン能力など、要素としての技術やスキルは多くの企業にあるでしょう。しかし、これらを合成して製品化する力（＝コア・コンピタンス）はアップルだけのものです。

そして、第3段階ではコア・コンピタンスを使った部品の製品をコア製品と称し、ＯＥＭ生産（製造委託する会社のブランドで製品を製造すること）する企業に変貌します（Hamel & Prahalad, 1994/1995）。例えばアメリカのヒューレット・パッカード社は、キヤノンからレーザー・プリンターのエンジンの供給を受けており、このエンジンがキヤノンのコア・コンピタンスであると二人は分析します。コア・コンピタンス形成の最終段階では、最終製品の市場シェアを最大にするための競争に参入するとしています（Hamel & Prahalad, 1994/1995）。

しかし、現代の日本の製造業ではコア製品（例：航空機の部品）の製造で優秀な企業が、最終製品（例：航空機）の製造に苦戦する例が多いです。また、部品と最終製品の関係のみを述べましたが、部品自体にも、その部品を作るための部品があります。近年ですと、電気自動車やハイブリッド車の完成車メーカーは、いくつかの部品を組み合わせた「モジュール」を組み合わせて完成車を製造する流れになっています。そのモジュールの製造企業として有名な企業にニデックがありますが、現在のところ、完成車製造までを展望していません。このように見ると、スキルや技術をどの段階（完成車？、モジュール？）まで合成すればコア・コンピタンスと呼べるのかは、曖昧です。

また、同書で引き合いに出される例示の多くは、書籍が発刊された時代を反映している部分を差し引いても、大部分が製造業の大企業でありサービス業の例示は限定的です。さらにいえば、コア・コンピタンスの中小企業での実践は、世界有数の技術力をもつ日本の町工場のような企業は別として、ゼロイチの起業の観点で見ると困難なものが多いです。

コア・コンピタンスは先に経営戦略レベルの戦略であると指摘しましたので、事業戦略に該当するコア・シナリオとは異なります。そして、本質的な違いとしてコア・コンピタンスは資源配分を中心とした戦略である点で、ゼロイチの起業における戦略のコア・シナリオとは根本的に異なることを確認できるはずです。

蛇足ですが、この本は翻訳書のタイトルから、コア・コンピタンスを中心とした経営戦略の本と解釈する向きもあります。しかし、原題は「Competing for the future」であり、その主張のエッセンスは、リスクを見すえつつも未来志向で企業は先手を取って事業を進めるべきとした点にあると私は捉えています。「デザイン思考」という言葉が無かった当時から、日本企業の例を挙げてデザイン思考に類する行動を推奨していたり、当時のアメリカ企業の経営に向けられる批判は、そのまま現代の日本企業に当てはまることが多かったりと、同書は現代の経営の論点を先取りしています。コア・コンピタンスや企業事例の新規性にこだわらずに読むと示唆に富む本です。

7-3

戦略における「強い組織」の有効性

本書では、いくつかの模倣困難性のタイプを挙げましたが、ＶＲＩＯ分析が指摘する模倣困難なタイプ分類として他に「社会的複雑性（social complexity）」があります（Barney, 2002）。「社会的複雑性」とは競争優位をもたらす経営資源を特定できず、複雑である状況を意味しています。その具体例は、組織メンバーについてまわるものであり、物的な経営資源に関するものではありません（Barney, 2002）。たとえば卓越したリーダーが経営者であったり、組織内のコミュニケーションが円滑で質の高い人間関係が組織に満ちあふれていたりすれば、その組織を競合が模倣することは困難でしょう。

ただ、このような「強い組織」が競争優位性になるのかについては、実際のところ明らかではありません。日本企業の組織に関する研究として、「重い組織」についての研究があります。１９９０年代以降の日本企業がイノベーションを起こしにくくなっているのは、組織内での意思疎通が「重く」滞りやすいからではないかという仮説にもとづいた実証研究です。その結果、明らかになったイノベーションを起こしやすい企業の姿は、①公式な組織としての情報の流れ（例：管理職からの指示、文書での通達など）がしっかり機能していること、そして、②非公式な情報の流れが最低限に抑えられていることでした。ただ、「組織の重さ」と売上高営業利益率の相関性は弱いものでした（沼上、２００６）。売上高営業利益率に影響を与える要因は、「組織の重さ」以外にも多岐にわたるため、この結果が出たとも考えられますが、ここでお伝えしたいのは、「強い組織」が経営成果に及ぼす影響について、現在はっきりしたことがいえない点です。

もう1点「組織の強さ」を模倣困難性に含めない理由は、本書が戦略の「策定」を前提としている点にあります。改めて確認しますと本書は今ある優れた企業を戦略の観点から分類することよりも、戦略の「策定」に有益な情報を提供することに重点を置いています。

もし仮に「強い組織は競合にとって模倣困難性であり、収益性に良い影響を与える」という法則があるとしても、これが戦略構築を必要としている人に意義のある示唆にはなりにくいです。

組織構築はゼロイチの起業における事業立ち上げ段階では、できないか、あまり必要とされません。むしろ事業が拡大する中で、どのように強い組織を作るのかが経営課題となるでしょう（もちろん、事業立ち上げ時から将来強い組織を作るための構想をするのは有意義ですが）。

7-4 戦略の有効性の検証方法

複数のコア・シナリオ案を考案できたものの、どれが最も有効か分からずに選択を迷ったり、確信をもてなかったりする場合もあり得ます。「自分の進む道に確信をもてないぐらいなら事業を進めるな」と精神論を述べるよりも、考えに考えたアイディアであれば、その是非を決める時にこそ勘に頼らずデータを活用したいところです。そのような時は間接的な方法として、コア・シナリオから生まれる商品・サービスレベルで検証すると良いでしょう。

先にコア・シナリオを考える際には、商品やサービスに対する消費者の評価の原理を留意すべき点をお話しました。そして、商品によって評価基準が異なるため、その仮説を立てて、コア・シナリオを構築する必要があるというのが結論でした。

一方、その評価の原理に関する仮説検証の方法については詳しく述べていませんでした。いくら仮説があっても、それを裏付けるデータがないと心もとないでしょう。しかし、人の評価の原理を仮説検証するというのは、心理学者などでもない限り実務的に煩雑ですし、実務として実施する意義を多くの人に納得してもらいづらいです。

そこで行うのがいくつかの商品コンセプトの評価に関するアンケート・データを基に行う「コンジョイント分析」です。ご存じの方はよく知っているし、そうでない人は言葉さえ聞いたことがないほど個人差が大きいことや、データ処理方法の説明をすると相当の分量になるため、ここではその原理についてシンプルな説明に留めます。なお、実務的な解説については書籍やウェブ情報が豊富にあります。高価な統計解析ソフトの利用を前提に説明しているものもありますが、原理を理解すれば表計算ソフトでも実践できる内容です。それでも、時間・負荷・理解いずれかのキャパシティを超えている場合は、リサーチ会社の多くやクラウドソーサーが業務受託していますので外注するのも良いでしょう。

消費者の商品評価の原理を考える際に例に挙げた、賃貸物件探しを再度みてみます。大家さんが何らかのコア・シナリオを描いて、これから賃貸物件を建築するとして、次のような物件のスペックの有力候補を考えたとします。現実の事象を単純化するため、コストや立地などの制約により、建てられるアパートのスペックの選択肢が下表の4つに限られているとします。

これらはランダムな選択肢ではなく、この物件を検討する消費者が採用しそうな評価の思考回路を基に、いくつか考えたものです。物件Aは「総合得点型」の人が選びそうな物件、物件Bは価格重視、物件Cは駅徒歩分数と室内洗濯機、物件Dは広さ重視という点で「優先条件型」の人が選びそうな物件です。

これら4つの選択肢の内、どれが大家さんのコア・シナリオを体現しつつ、消費者にも受容してもらえるスペックでしょうか。4つの選択肢を並べるだけでは、にわかに解答しづらい設問です。また、物件A～D以外のスペックの組み合わせ（例えば、駅徒歩15分、面積26㎡、室内洗濯機あり、家賃7万円）の物件がベストとの調査結果があれば、今後、大家さんがアパートを建設する際の参考になります。

そこで、スペックの組み合わせパターンをくまなく比較し、最適なスペックの組み合わせの物件（商品やサービスでも良いです）を決める方法が、コンジョイント分析です。なぜ、このようなことができるかというと単に4択を示し回答者に「どの物件が良いですか？」と尋ねるのではなく、各スペック項目に対し、消費者が無意識に思っている重要度と、特定のスペックで消費者が得られる効用（満足）を数値化できるからです。したがって、コンジョイント分析を実施した際に、例えば次のようなことが分かります。まずスペック項目の重要度でいえば、お客さんに予算

コンジョイント分析用の商品案の選択肢

	物件A	物件B	物件C	物件D
駅徒歩	10分	15分	5分	20分
面積	22㎡	21㎡	18㎡	26㎡
室内洗濯機	あり	あり	あり	なし
家賃	6万円	4万円	7万円	6万円

重視の方が多ければ、家賃以外のスペックを改善しても効用は殆ど上がらないかもしれません。次に、スペック間の効用の違いに注目した時に、面積21㎡と26㎡の物件で得られる効用は、面積比である21：26と同じではなく各段に26㎡の方が高い場合もあり得ます。

本例では物件を4種類挙げていますが、コンジョイント分析を行う際には全スペック項目の重要度と、特定のスペックでの効用を検討する必要があります。単純に考えると、スペック項目が4つあり各項目に4つの選択肢があるため、4の4乗個、つまり、256のパターンを検討する必要があります。しかし、このような膨大なパターンの調査は調査者だけでなく、アンケート回答者の負担も大きいために回答精度が落ちてしまいます。そのため、「直交表」という表を使います。この表には効率よく調査するためにスペックを組み合わせた架空の物件案（コンジョイント・カード）が書いてあります。直交表にしたがえば、スペックの全パターンを調査しなくても済みます。例えば本例の場合は16パターンの物件案を検討すれば良いです。回答者には、これらの物件案に対して①評点を付ける（7段階評価など）、②順位を付ける、③1対1で比較する（どちらが良いか、同じ程度かを選んでもらう）のいずれかの方法で評価を依頼します。どの方法でも分析は可能です。

コンセプト構築の段階ではアンケートなどの調査に頼りがちな話をいましめてきました。一方で本当に調査が必要な場面で「時間がないから」と直感に頼ってビジネス方針を決断してしまう場面も、よくみかけます。また、せっかく綿密な調査結果があるのに調査者自身が「参考程度です」といって調査結果を自分から軽視してしまうビジネスのプレゼンテーション現場もみてきました。このような態度は過去に調査結果が批判された苦い経験があったからではないかと推測されます。

調査結果を提示する際はサンプルのサイズや偏りなどへの指摘が入ることが多いですが、統計学的な背景をしっかり学んだ上で誤差を制御すれば、コンジョイント分析は強力な情報になるはずです。「調査マニア」にも「調査懐疑論者」にもならず、必要な場面・必要な労力で調査をすれば、商品スペック設定は調査データにもとづき主張したいところです。

本書の目的は戦略策定ですので、商品・サービスのスペックまで述べるのは範疇外と思えるかもしれません。しかし、せっかく戦略を作っても、その後に企画書どまりで終わり、戦略が実際の商品やサービスに結びついていない例を沢山みてきました。両者を結び付ける「接着剤」としてコンジョイント分析は、有効に活用できるものです。

7-5

戦略を強くする補強シナリオ

戦略のコア・シナリオと似て非なるものとしてコア・シナリオを補強する補強シナリオがあることは先に述べました。本項では補強シナリオについて解説します。繰り返しますと補強シナリオはコア・シナリオがあって初めて意味をなすものです。多くの企画書では、補強シナリオは描いてあるが、コア・シナリオが無いものが多いです。それは、ビジネススクールの知識として教えられるのは、補強シナリオに関するものが多いからと思われます。

ここで説明する補強シナリオの内容を読んでみたら、「すでに学んだようなことではないか」と感じる人も多いでしょう。しかし、逆説的にいえば、もっともこの章を熟読してほしいのは、そのように「学習済み」の人たちです。この章を活用してコア・シナリオと思っているものが、補強シナリオではないかチェックして頂きたいからです。

7-6

補強シナリオ①循環シナリオ

補強シナリオの最初は「循環シナリオ」と呼ぶものです。この中でも有名なのが、Amazonの「ループ図」です。多くの書籍で紹介されているので、すでに知っている人も多いかもしれませんが、内容について一通りお話させてください。

Amazonの創業者・ジェフ・ベゾスは創業前にレストランの紙ナプキンにビジネスモデルを描きビジネスの見通しを立てました。それが「ループ図」と呼ぶ模式図です。

Amazonの場合、ループ（循環）が2つあり、ひとつめのループは良い顧客体験（customer experience）が大量のサイト流入（traffic）につながり、サイト流入が増えれば売り手が増え、豊富な品揃えにつながるというループです。これらのループが成長を導きます。2つ目のループは、成長が低コスト構造につながり、低コスト構造が低価格につながり、さらに、低価格が良い顧客体験として消費者に認識されるループです。

このように見ますと、ポーターが示した戦略とのつながりが見えてきます。それは、Amazonはコストリーダーシップ戦略を採用する会社であるということです。ビジネスパーソンであっても「消費者」の視点の方が分かりやすいので、どうしても「低価格」に目が行きがちであり、結果論としてはそうなのですが、低価格を基盤にコア・シナリオを発想することはできません。注目すべきは低コスト構造の方です。このルー

ループ図

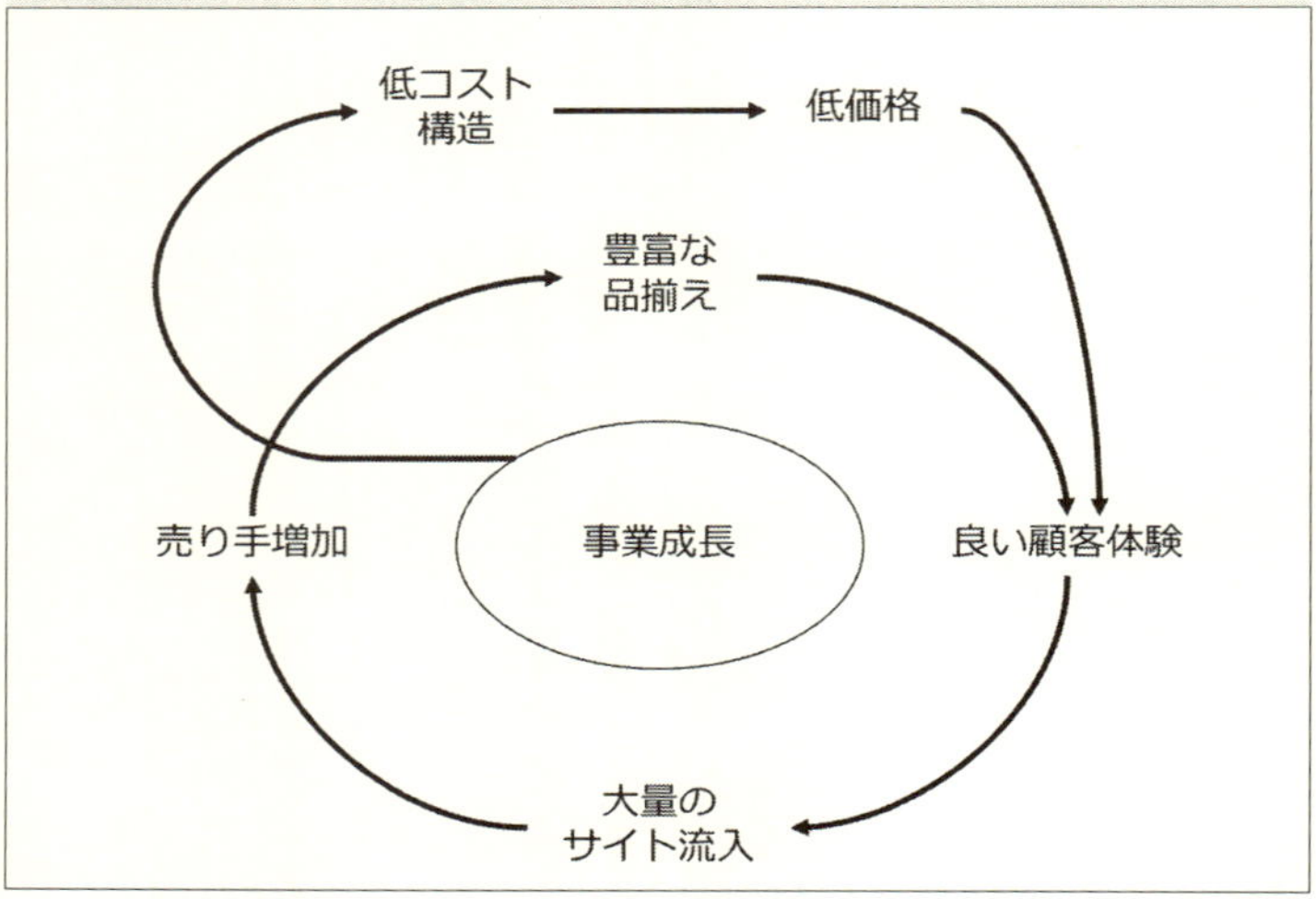

Amazon.jobs（n.d.）を基に筆者作成

プ図によるとAmazonの低コスト構造は「成長によってもたらす」としていますが、これは一定の規模での大量仕入れによるディスカウントと捉えられるでしょう。

ただ、これは２０２５年現在であればともかく、Amazonの創業時に立ち返ると資本が過小な段階で採用するのはむずかしいシナリオです。また、成長の源泉はひとつ目のループにあるとしていました。このループの起点をどこに置くかが重要です。「多くの訪問者」、「多くの出品者」は、顧客基盤をもたなかった創業時のAmazonにとっては事業活動の「結果」ともいえるため、ループの起点にはなり得ません。「品揃え」も資本が過小な初期段階では、実現がむずかしいかもしれません。そうなると、創業時のAmazonにとってのループの起点は、「良い顧客体験」しかないのです。だから、ひとつ目のループについての私の説明は「良い顧客体験」から始めたのでした。

では「良い顧客体験」とは何でしょうか？「リアル書店では実現しておらず、Amazonにあるもの」を考えると分かりやすいかもしれません。それに該当するのが、ユーザーによる書評としての「カスタマーレビュー」と、自動でおすすめの本を推奨する「レコメンデーション」です。

そして、Amazon創業時の１９９０年代はウェブサイトのエンジニアが少ない時代でしたので、これらの機能を作るには一定の技術力が必要で簡単には競合が模倣できません。また、「カスタマーレビュー」や「レコメンデーション」を有効に活用できる商品として、最初に取り扱った「書籍」は絶妙でした。なぜなら、生鮮食料品のように購買時期によって品質が大きく変わらず、家電製品のようにモデルチェンジが頻繁に行われないので商品寿命が長く、一度登録された評価を長く活用できるからです。そして、これらがAmazonのコア・シナリオといえます。

つまり、Amazonはコストリーダーシップ戦略の企業であり、その実現のための因果をループ図に沿ってたどると、「評価制度」や「レコメンド」を実現する技術力という創業当時としては優位性のあるケイパビリティがありました。また、そのケイパビリティをもっとも生かしやすい商品群である「書籍」を販売対象とするポジショニングをコア・シナリオとした企業といえます。

このコア・シナリオにおいて「カスタマーレビュー」や「レコメンデーション」がもたらす「顧客体験」を起点としたループ図は、循環シナリオとしてAmazonに成長をもたらすというわけです。その後、「Amazonマーケットプレイス」、「Amazonプライム」などのサービスを付け加えることで、競合とのいっそうの差別化が図られました。

Amazonの場合、現代の優位性がきわめて高く「仕掛け」も多いため、今のAmazonだけを見ていると、富士フイルムの例で述べた「隠れた前提」を見失いがちになります。今あるAmazonの「仕掛け」を列挙するだけでは戦略が見えてきません。創業時からの時系列で施策をたどりながら、特に創業時点の経営資源が限られたときに、どのようなシナリオをたどっていたのかを考察する必要があります。戦略を「シナリオ」と名付けているのは、このような時系列の観点を強調する目的でもあります。

一方、戦略の定義で述べた「地図」とは、シナリオに記述された各時点において実現しようとする施策といえるでしょう。Amazonの場合でいえば「カスタマーレビュー」や「レコメンデーション」の後には、「Amazonマーケットプレイス」によって古本と新刊本の同時陳列を実現し、「利便性」という顧客体験のさらなる向上を目指しました。

7-7

補強シナリオ②時間差シナリオ

第2の補強シナリオが「時間差シナリオ」です。「時間差シナリオ」の目的は競合が模倣するまでの時間を稼ぐことです。コア・シナリオは模倣困難性を基に検討していますが、それでも永久の競争優位を想定することはできません。

「スイッチング・コストのことでしょう」と思う人がいたら、大正解です。スイッチング・コストとは、現在、継続的に購買している商品または、使っている商品・サービスから別の商品・サービスに乗り換える顧客の「面倒臭さ」のことです。面倒だから乗り換えない。つまり、企業から見れば、顧客にスイッチング・コストを課すことにより、商品やサービスの乗り換えを防止するということです。もちろん、スイッチング・コストを感じさせないほどに競合の商品やサービスが低価格か、価格が高くても顧客の求める便益を圧倒的に提供できるのであれば、それは補強シナリオではなく、コア・シナリオの優位性が継続している証拠ですので、この補強シナリオを強化する必要はありません。

「時間差シナリオ」は、「コア・シナリオ」や「循環シナリオ」と比較し、多くの人が事例を想像しやすいものです。授業やセミナーで「競争戦略で思い浮かぶ例といえば？」と問うと挙げられるのが「時間差シナリオ」に当てはまる事例だからです。

楽天を例にとります。楽天の祖業はオンライン・ショッピングモールです。オンライン・ショッピングモール事業では、まず小売企業の参加を募り、あたかもひとつのショッピング・モールのような仕立てのウェブサイトを構築します。多数のお店が集まっていて便利だから、消費者はアクセスしたいと思います。つまり、楽天の価値は店と消費者をつなげることにあり、お店から頂く出店料が収入源です。

そこで、楽天にとってはショッピング・モールに消費者を集めることと同じ程度に、参画した店舗がAmazonなど他のショッピング・モールに移転しないようなスイッチング・コストの構築が重要です。楽天創業時のコア・シナリオは、ウェブサイト構築のための費用や技術力に乏しいお店に簡単にショッピングサイトを構築できるウェブツールを提供する点にありました（前川、n．d．）。他のショッピング・モール参入企業は大手企業が多く、クレジットカード決済をサイトに組み込むなど、当時としては先端的な技術を実装しており、楽天は備えていませんでした（前川、n．d．）。しかし、当時の日本ではオンラインのクレジットカード決済にセキュリティ上の不安を覚え、利用する人が少なかったのです。そのため、この点は大きな劣位にはなりませんでした（前川、n．d．）。一方、楽天は限られた経営資源を直接の顧客であるお店への価値提供に全振りしていたのです。楽天は利便性の高いショッピングサイト構築ツールを提供するとともに、販売効果が高いサイト構築方法の講座などを通じて小売店を人的にもフォローしました。

また、消費者向けには、多くの人が楽天を利用する理由となっている異種のサービスで共有できる「ポイント制度の連携」や、ショッピング・モールをはじめ関連サービスでスムーズに利用できる「金融サービス」を提供していました。これらは消費者が他のショッピング・モールで購買するスイッチング・コストを高めました。そして、消費者を楽天にとどめる施策は、見方を変えれば小売企業のスイッチング・コストにもなります。つまり、これらは競合となる新規参入者の模倣のスピードを遅らせる「時間差シナリオ」として機能しました。

「時間差シナリオ」に登場する施策は、企業が一般投資家向けに発表するＩＲ資料や、一般消費者の目に止まりやすい内容が多いです。もっとも現在の楽天では金融サービスはショッピング・モール事業のためだけにあるのではなく、収益エンジンそのものでもあります。このようにコングロマリット化した現在の楽天を分析したら、より複雑な話になるでしょう。ただ、事業戦略を検討する際には、焦点を当てている事業（ここでの議論はショッピング・モール事業）を中心に考えた方がシンプルです。

もうひとつの時間差シナリオの構築方法として、どのような業種・規模の組織でも使える手法ではありませんが、知的財産権の取得や購入も有効です。コーヒー大手のネスレは、エスプレッソ・マシンとしてのカプセル式コーヒーメーカーを「ネスプレッソ」ブランドで展開しています。このビジネスでネスレは、オフイスや家庭にコーヒーメーカーを無償貸与し、ユーザーはこのコーヒーメーカー専用のカプセルを購入してエスプレッソを作ることができます。

ネスレの利益の源泉は、独自開発のカプセルの機構にあります。このカプセルについては特許権を取得しており、他社がカプセルを開発できないような対策を取っていました。しかし、２０１１年に特許権が切れると、カプセルを製造するメーカーとの裁判で、ネスレは敗訴しました（Looveren, 2014）。また、規制当局からは「模造品」のカプセルの品質が低いため、ネスレの「純正品」のみを購入するよう消費者に宣伝することも禁止されました（Looveren, 2014）。

次にネスレが採った対策はブランドの取得です。２０１８年にネスレは、スターバックス店舗を除いた場所でのスターバックス・ブランドの小売・業務用商品の販売権（無期限）を約7，９００億円で購入しました（日本経済新聞、２０１８）。特許権のような独占性はありませんが、これによりスターバックスに匹敵するブランド力の商品が第三者のメーカーから提供されない限り、ネスレは優位性を保持できることになります。

21世紀初頭からの日本独特の経営関連のバズ・ワードとして「知財経営」があります。知財経営の文脈では権利取得手続きが明確な特許権に焦点が当たることが多いようです。また、特許は製造業でなじみがあったためか、技術を用いる企業での興味関心が高い傾向があります。ただ、「模倣困難性」に焦点を当てると、ネスプレッソが買収した「営業権」のように、どの分野でも適用でき、また、法的な権利取得制度が明確でないものにも注目する必要があることが分かります。

7-8

作っているシナリオはコア・シナリオか補強シナリオか？

ここまで読んで頂いた読者の方には、戦略作りにおいてむずかしいのは補強シナリオよりもコア・シナリオ作りであることは明らかになったと思います。ただ、実際に戦略作りをする過程では、作っている戦略が、コア・シナリオか補強シナリオか分からない場合が多いです。この問題について、改めて触れておきます。

実務上、ビジネススクールで語られるような美しい戦略を最初から作れることはありません。とはいえ、会社の会議では美しい論理とデザインで彩られたプレゼンテーションを求められる人も多いでしょう。このようなジレンマの中で現実にコア・シナリオが記載されず、補強シナリオだけの企画書が企業で決裁されている例は多くあります。自分自身が企画書に書いているコア・シナリオか補強シナリオかを企画立案者は常に振り返る必要があります。もっとも本心からコア・シナリオと考えてビジネスを推進していた要素が、成功時に振り返ってみると、補強シナリオに転換した例もあります。

それが第5章で紹介した音楽著作権管理事業のNexToneです。当初は音楽著作権を預けて頂く音楽出版社の開拓営業を成功させるための補強シナリオとして、アグリゲーション事業が存在していました。しかし、現在ではアグリゲーション事業の成功の道筋こそがコア・シナリオであり、音楽著作権事業を補強シナリオとして捉えるのが実態に近いです。

8.

戦略策定の実際

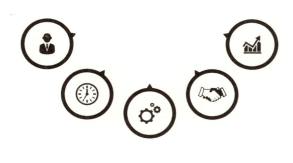

8-1

戦略を策定する意義

本書では、ゼロイチの起業での戦略策定について、その方法と留意点を述べてきました。よりシャープにいえば、企業内起業やビジネスコンテストなどでのプレゼンテーションや審査における説得力をもたせるための言語化の方法を述べてきました。

この方法は、プレゼンテーションや審査の場だけでなく、実際のビジネスでも役立つはずです。そして、起業者ではないものの立ち上げたばかりの企業の事業部に入社した人にも役立つはずです。このような場合、入社時に戦略構想が無くても、環境変化に立ち向かう中で自分なりの戦略をもつに至ることもあるでしょう。例えば私自身の過去が、この例に当てはまりますので、ご紹介します。

私はレコード会社に勤務した後、ゲーム会社で音楽事業の立ち上げに参画しました。この際に勝算、つまり、コア・シナリオはありませんでした。今から考えると「チャレンジングですね」と転職前に在籍していた会社の人にやんわりといわれて、無謀な転職と気づいたわけです。単に「ゲームコンテンツを生かせば、何らかの音楽で事業は作れるだろう」と漠然と思っていただけでした。しかし、いざ事業を始めて数か月してみると、採算がまったく取れないことが分かったのです。

売上を増やす手段を容易に見いだせない中、短期にできることとして「出血（コスト）」を少しでも少なくするために、取引条件の良い販売会社を開拓し、原価低減に取り組みました。音楽の場合、原価低減といってても工業製品としてのＣＤの盤面やジャケットなどの製造物自体の原価率はきわめて低いため、コスト低減には限界があります。着眼したのは音楽原盤やコンサートの制作費でした。

レコード会社といってもインディーズレーベルとは異なり、テレビ広告を出稿したり、大規模なコンサート・ホールやアリーナでコンサートをしたりと業務規模はメジャー・レーベルの1部署の規模でした。しかし、少人数での運営だったため制作業務は委託が中心でした。そのため、日々、届いてくる請求書の表記の「制作費一式」という費目の原価構造がブラックボックスであることに最初、疑問をもちました。つまり、必要な品質とコストとの関係が不明瞭でした。

ただ、転職前に勤務していた職場で予算管理業務に携わっていたり、プライベートで作曲学校に通っていたりした経験があったので、多少なりとも制作工程のコストと品質の対応関係の感覚はあったのです。そこで、その「直感」を踏まえて元請け制作会社のパートナー企業や個人のウェブサイトを見てコンタクトしたり、人を介して紹介を受けたりして、採算が合う発注方法や制作体制を研究しました。時には、その範囲は外国にまで及びました。

そのうち、競合するメジャー・レーベルと同様にテレビ広告などの施策が可能でありながらも、メジャー・レーベルよりも低原価で制作を可能とする体制が構築できるようになってきました。もともと少人数運営でしたので原価さえ抑えられればコスト競争力はあります。いわばコストリーダーシップ戦略を採ったわけです。なお、音楽市場でのＣＤの価格は、独占禁止法の適用除外によりメーカーが小売定価を指定できます。つまり、市場構造の追い風を受けて価格競争を意識せずに原価低減することで利幅を確保し、損益分岐点を下げました。

他に取り組んだコスト低減の施策は、バンド演奏によるライブのコスト低減です。当時、多くの声優ライブの常識は、一部の大規模コンサートを除き、コストが安いカラオケでの歌唱でした。しかし、声優が所属する事務所の要請を受けて高コストなバンド演奏によるライブ開催が決定した際に、中規模ホールでも採算を合わせる必要が生まれました。この課題解決のために、コンサート制作の源流にさかのぼって、いくつかの企業の担当者と出会い、品質の維持と原価低減の両立を実現していったのです。そして、このライブの体制構築が、事業発展する段階で思いがけず寄与しました。事業発展のきっかけはバンドを軸とした青春ストーリーのアニメでした。このアニメを中心にゲーム、コミックなどのメディアビジネスを組み合わせて宣伝効果を増大させ、同時に各ビジネスで収益を上げるのがプロジェクトの主旨でした。

そのプロジェクトの一角として、アニメの出演声優がバンド演奏するコンサートの開催が計画されました。「声優がバンド演奏する」という発想は、以前から多くの音楽業界の関係者の念頭にあったかもしれません。しかし、声優にバンド練習をしてもらう体制の構築や、バンド演奏によるライブ実現のハードルなどの要因により、当時は、どの企業でも実現していませんでした。プロジェクトでは定期的なライブ開催が事業計画に組み入れられました。そして、その実現のために必要な要素は、すでにバンド演奏を伴うライブ実現のために構築した体制の中にありました。つまり、当初はコストリーダーシップのために構築した仕組みが、「声優によるバンド演奏ライブの定期開催」という差別化戦略のコア・シナリオの実現に寄与したと捉えられます。

これはアダプティブ戦略とも、いえるのかもしれません。このように意図しない環境変化の中で、当初思い描いていた事業（商品やサービス）のために作ったコア・シナリオが、別のコア・シナリオに寄与する場合があり得ます。戦略は一度作って終わりではなく、事業の実行中も生き続けるものといえるでしょう。

8-2

戦略策定フローチャート

最後に本書で述べてきた戦略策定の方法を実践で用いる手順をコンパクトにまとめます。

STEP. 1　市場構造としての法やルールの確認

戦略のコア・シナリオを策定する際に、本書では多くの類書にあるように内部環境、外部環境の分析を最初に行いませんが、ビジネスを実行する上での法律やルールとしての慣習は事前に調査する必要があります。それは、これらはどのような組織でも、ないがしろにできないものであり、むしろ、この点の調査が不十分な事例が多数あるためです。第5章の信書便事業を例にとると、法律上の要請で「毎日10万本のポストから手紙を回収する必要がある」といった重要な点に気付けていない起業事例をみかけます。

極端な例を挙げましたが、このことはデスクリサーチ（机上のリサーチ）で分かることです。法律という弁護士や専門職に頼ることを考える人は多いですが、自分が手がけようとする事業に関する法律を知るにあたっては、図書館の司書に依頼して関連法律の書籍を取り寄せて確認すれば、まずは十分です。検討が相当に詰まった段階で法律専門職の指摘を受け、振出しに戻る事態は避けたいところです。

また、法律と異なるものとして慣習などのルールは、調査がむずかしい場合もありますが、近年ではスポット・コンサルティング（業界経験者に時間単位で事業相談し、時間に応じ料金を支払うサービス）が普及しています。このようなサービスなどを利用し、思わぬ障壁が無いかをチェックしましょう。地域ビジネスの場合は、行政や地域のＮＰＯなどの有力者から話を聞ける場合もあります。地域の有力者に対しては自組織のビジネスをアピールするというよりも「ビジネスを通じて、その地域に貢献したい」という思いをしっかり語ると良いでしょう。地域のＮＰＯの理事長や幹部は、思いのほか地域の課題や問題を冷静にみつめており、多くの情報を提供してくれる場合があります。

STEP. 2　競合を定義する

自社の競合を挙げましょう。多くのビジネス書で語られている通り、第3章で扱ったような「代替品市場」

や「代用品市場」の企業も書きだしましょう。ただし、インターネットビジネスなど地域を問わないビジネスでもない限りは、地域性も意識し、現実的に自社を利用する地域の顧客にとっての競合のみを挙げれば良いです。

本来は競合ではないにもかかわらず「不要」な競合を挙げることは、次のSTEP3で戦略のコア・シナリオの創造の幅を狭めますし、仮にコア・シナリオができたとしても、必要以上の競合対策のための出費を想定することになり非効率です。

STEP．3　提供するユーザーの価値

ここまで競合比較を重点に述べてきました。最終確認としてユーザーに提供する価値を見ましょう。第4章で説明した方法や留意点をもとに「(顧客として）誰に」、「何を（価値として顧客に提供するのか)」を考えます。ここでは、参考のために競合が提供している価値も確認しておきます。なお、競合が提供している価値と自組織が提供する価値は、この段階で同じでも違っていても構いません。マーケティング的発想ですと、この段階で「独自の提供価値を作るべき」と「べき」発想になりがちですが、本書では、まずは第2章で確認した定義のもと、ビジネスを持続的に成功させることを最大の目的としています。仮に提供する価値が競合と同一であったとしても、次のSTEP．4で定義する価値の実現方法、つまり、戦略のコア・シナリオが何らかの点で競合が模倣しにくいものになっていれば、それで問題無いのです。

そして、「ユーザーによる価値評価方法」として、第4章で見てきたように、ユーザーがその価値をどのように評価するのかを確認しましょう。

STEP.4　競合の模倣困難性を踏まえたコア・シナリオの策定

コア・シナリオには第4章で述べたように、価値実現シナリオと利益実現シナリオの2つがあります。まず価値実現シナリオについて考えます。その際、最初に考える重要点は模倣困難性をどのように作るかです。言い換えれば、シナリオの基本を「コストリーダーシップ」と「差別化」のどちらに置くかを考え、シナリオを検討してください。以下の質問に答えられれば、それがおのずと自組織の強みでもあります。

1）コストリーダーシップ

技術、調達方法のいずれで実現するかにより、次の問いに答える。答えられない場合は、再度シナリオを1から検討する。

①技術の場合（その技術は、なぜコストを競合よりも下げられるのか）

コストは製造コストだけでなく、メンテナンスコストなども含まれる。

②調達手法の場合（その手法をどのように実現できるのか。その手法に永続性はあるのか）

2）差別化

自組織の事業が、次のどれに当てはまるか。当てはまらない場合は、再度シナリオを1から検討する。当てはまるのであれば、その理由は何か（回答できない場合は、再度検討）。

①競合からは模倣が困難に見える

「模倣する範囲が見えづらいもの」、「誰もやろうと思わないもの」、「模倣するほどの市場規模が無いように見えるもの」のどれに当てはまるか。

②競合が模倣したくても失うものがある

コストリーダーシップと差別化のどちらにも当てはまると考えている場合は、有望というよりも、本当にしっかり自組織を分析できているか今一度考える必要があります。その場合は、それぞれの方向性で2本シナリオを作り、どちらのシナリオの方に説得力があるかを今一度、他者の目を入れて確認してください。

最後に利益実現シナリオを考えます。利益実現シナリオについては、第4章の留意点をヒントに考えてみると良いです。また、「マネタイズ」という言葉がバズ・ワードとして広く口にされるようになったのと同時期から利益創出に関しては、ひとつの分野としてノウハウをまとめた書籍が増えていますので、それらを研究してみるのも良いでしょう。ただし、あくまでも最終的に上げたいのは売上ではなく、利益です（売上を無視するということではなく、売上増加が利益増加につながるのか、つながらないのか、その因果関係を丁寧に理解した上で、つながる際は売上にも注目する必要があります）。そして、「競合と比較してどうして自組織の方が利益創出しやすいか」という観点が重要です。

第5章で紹介した「パズドラ」を例に、ＳＴＥＰ．１〜ＳＴＥＰ．５までの内容をまとめてみました。各項目の中ではＳＴＥＰ．３の「上記を具体的にいうと…」と「ユーザーの価値を実現するコア・シナリオ」が肝心です。これら２つ以外の項目は単語や断片的な語句で回答できますが、これら２つの項目だけは自分で考え文章で記述する必要があります。しかし、文章量が多いほど良いというわけでもありません。例のように端的かつ明瞭な文章としましょう。

「パズドラ」リリース時点を想定した戦略策定ワークシート

<table>
<tr><td>STEP. 1</td><td>市場構造としての法やルール</td><td colspan="2">景品表示法（消費者庁がコンプリート・ガチャを違法と判断）</td></tr>
<tr><td rowspan="3">STEP. 2</td><td rowspan="3">競合</td><td>直接の競合</td><td>モバゲーのゲーム群</td></tr>
<tr><td>代替品</td><td>パチンコ</td></tr>
<tr><td>代用品</td><td>PCゲーム</td></tr>
<tr><td rowspan="5">STEP. 3</td><td>価値を提供する対象者</td><td colspan="2">携帯電話でゲームをするユーザー</td></tr>
<tr><td>競合が提供する価値</td><td colspan="2">射幸心</td></tr>
<tr><td>自組織が提供する価値</td><td colspan="2">携帯電話上のゲームでの「達成感」</td></tr>
<tr><td>ユーザーによる価値評価方法及びその理由</td><td colspan="2">総合得点型
ユーザーはゲームを多面的な属性から評価しているから</td></tr>
<tr><td>コア・シナリオの型</td><td colspan="2">差別化（競合が模倣したくても失うものがある）</td></tr>
<tr><td rowspan="4">STEP. 4</td><td>コア・シナリオの型を実現できる理由</td><td colspan="2">競合が模倣したくても失うものがあるから</td></tr>
<tr><td>その理由を具体的にいうと…</td><td colspan="2">携帯電話上のゲーム会社は、モバゲー上で「カードバトルゲーム」ジャンルのゲームを提供している。それは①モバゲーに集客力があり、②カードバトルゲームはガチャの確率操作次第で、収益の再現性があるから。これらの条件に当てはまらないゲーム制作は、競合にとって再現性のある安定的な収益源を失うことを意味するから。</td></tr>
<tr><td>自社の価値実現シナリオ</td><td colspan="2">携帯電話上のゲームとして、「カードバトルゲーム」ではないジャンルのゲームを実現する。そのために、従来（２０１２年時点での従来）と異なる操作性の高いゲームを開発できるiPhoneやAndroidをプラットフォームとして、ゲーム開発する。</td></tr>
<tr><td>利益実現シナリオ</td><td colspan="2">自組織のPCゲームの開発チームが本プロジェクトに参画し開発は内製化しているため、競合よりも人材確保や教育のためのコストを低減して開発できる。</td></tr>
</table>

8-3

戦略評価リスト

本書を読み進める中で戦略策定の留意点は分かったけれども、その評価が困難だという方がいるかもしれません。特に自分を客観的に見る優秀な方ほど、このような感想を抱くように見受けられます。

そこで、策定した戦略を評価するための戦略評価リストを用意しました。この評価リストは、本書の議論の流れにしたがい、戦略策定の必要性にはじまり、コンセプト、コア・シナリオの策定と、補強シナリオとの「違い」をはっきりさせることを目的としています。本書を一読の上、事業に踏み出す前にチェックすると有用です。本書にしたがって作成した戦略だけでなく、すでに作成した戦略のチェックにも利用できます。

作ったコア・シナリオが、チェックポイントに引っかかる場合、その戦略は実効性がないか、補強シナリオか、そもそも戦略ではない恐れがあります。

STEP. 1　コア・シナリオで実現する顧客の価値の確認

以下の3つの問いに答えられるでしょうか。もし答えられなければ再考しましょう。

1）消費者の需要のベクトル（方向性）はどこに向かっているか？

2）消費者の需要の方向性を自組織のどのような機能が満たすのか（価値）？

3）自社がもつ価値を基に、消費者が商品・サービスを決定する評価の原理は何か？

①総合得点型　…かかるコストに対する提供価値の最大化を目指せているか？

②優先条件型・検討条件順序型　…2）で考えた機能は評価の重要項目における消費者ニーズを満たすものになっているか？

③商品カテゴリー型　…商品やサービスのカテゴリーを明確化できているか？また、消費者がカテゴリーの中において、①と②のどちらで評価しているかまでイメージできているか？

④感情・ブランド型　…自組織の提供価値はブランドが無くても消費者が欲しいか？

STEP. 2　コア・シナリオが実現する模倣困難性と戦略タイプ

コア・シナリオがもたらす模倣困難性が、以下の4つのタイプのどれに当てはまるかを確認してください（当てはまっていなければコア・シナリオを再考）。また、戦略タイプ（コストリーダーシップ、差別化、集中）が、その模倣困難性とかみあっているかを確認してください。これらの確認の結果、問題があれば模倣困難性に関する第5章を再読し、再検討してください。

1）権益がある

事業運営のコスト・パフォーマンスを高める施策を考える（この場合、戦略不要です。ありのままに今の状況を描けば、企業内起業のプレゼンテーションは可能でしょうし、ビジネスプラン・コンテストに応募するまでもなく、すぐ起業しましょう）。

2）競合企業が模倣しようとすると自組織より経済効率が悪い

コア・シナリオはコストリーダーシップ戦略と、集中戦略のどちらであるか？（他の戦略タイプであれば不整合）

3）競合はコア・シナリオを知っているが、模倣が困難に見える

コア・シナリオが差別化戦略であるか？（他の戦略タイプであれば不整合）

4）競合に「失うもの」があるから模倣したくない

コア・シナリオが差別化戦略であるか？（他の戦略タイプであれば不整合）

STEP．3　戦略タイプと実現理由

コア・シナリオの戦略タイプを確認の上、各戦略タイプに対する問いに答えられるでしょうか。

1）コストリーダーシップ戦略

コストリーダーシップ戦略が実現される理由は何か？（そのための組織能力は、あるのか？）

2）差別化戦略

取るポジションが明確か？そのポジションは、同業他社と客観的に比較可能なものであるか？（「おいしい」、「心地よい」、「最高の～」など感覚的な言葉だと人により評価が変わるので主観的）

3）集中戦略

市場拡大を望まない意志はあるか？（もし望むのなら別事業を構想して戦略を考案した方が良いです）

STEP．4　コア・シナリオと補強シナリオの弁別

補強シナリオを意図して作ったシナリオが以下の条件に当てはまるかをチェックします。コア・シナリオが以下の2つの補強シナリオの特徴に当てはまってしまっていないかをチェックしましょう。当てはまる場

合は大変ですが、ＳＴＥＰ．２に戻りコア・シナリオ作りをもう一度します。

１）循環シナリオ

マーケティング戦略として活用できる。ただし、マーケティング戦略は、ブランド理念を中核とするか否かを明確にする。プロジェクト開始直後から循環シナリオ（マーケティング戦略）を実行するためのマーケティング組織が整わない場合は、ブランド理念を中心とすることはできない。多くのベンチャーでは体制が不完全であるため、ブランド理念を中心とするマーケティング戦略は、なじまないことが多い。ブランド理念を中心とするマーケティング戦略は、歴史ある商品・サービスの「再生プロジェクト」が多い。

２）時間差シナリオ

ポジショニング戦略かつ、競合がすぐに登場する可能性がある場合は、考えた方が良い。そうでなければ、必ずしも作成の必要性はない。

ＳＴＥＰ．４までの関門をくぐり抜けられる戦略は、そう簡単には出てこないことが分かるかと思います。とはいえ、数分のひらめきで考えた戦略が、これらの関門をすんなりくぐり抜けている場合もあり得ます。時間を決めて作業をすれば、確実に成果が出るものではないため、良案が出てくるまで気長に待ちましょう。あるいは期限がある人は、逆説的ですが毎日決めた時間を戦略策定の検討時間とし、毎日検討する中で量から質を生み出す方針で戦略を検討する方法もあるでしょう。

終わりに

本書を最後までお読み頂き、ありがとうございました。本編でも述べてきた通り、本書は経営学やマーケティング関連の書籍、セミナー、授業で示されるフレームワークを使った戦略作りのむずかしさや、それらで作った戦略の論理の飛躍という問題意識を起点として執筆しました。本書がいうところの「ゼロイチの起業」でなければ、戦略はともかく収支計画書さえ整っていれば投資家や意思決定者を説得できてしまうかもしれません。しかし、ゼロイチの起業の場合、相対的に戦略を体現したビジネスプランの重要性は高く、その論理が重要です。そこで、「意味のある事業戦略（競争戦略）」を作るプロセスや考慮点について論じてきました。

また、日本の実務でのバズ・ワードや、セミナーなどで論じられる言葉についても検討し、本書の考え方との関連性を示したつもりです。これにより、毎日あふれるような断片的な情報を浴びていて困惑している人々の見通しを、少しでもよくできればと考えています。

改めて申し上げますと、今日セミナーや授業で使われている大多数のフレームワークの各要素は、経済学的分析により明らかになった「成功要因」です。伝統的経済学は主に数理や統計をもとに経済分析をする学問ですので、観察者としての学者の視点では、このような分析方法で問題ありません。

一方、事業を遂行する際には、時系列を意識し、各概念に関与する主体者の明確化が必要です。また、戦略、マーケティングなど事業推進に関連する各分野が学際的になるにつれ境界があいまいになりました。学術研究の学際交流は重要ですが、これを組織での「実践のための知」に転換する上では、実践のための役割分担を考慮して概念間の境界をどこかで引く必要があると考えます。つまり、「○○とは経営そのもの」との類の言説は否定しがたいのですが、○○に当たるものが、どのような点で何の役に立つかを組織として認識統一する必要があります。

本書の試みが成功しているかは分かりません。本書を読んでも「戦略作りは、なんだかむずかしそう」という印象が変わらない場合もあるでしょう。戦略作りに挫折しそうに思った時は筆者をお呼びください。事業戦略の策定の現場でともに汗をかきながらご一緒できればと思います。

最後に本書を刊行するにあたり、労を取って頂きました日本橋出版の皆様、難航する執筆を支えてくれた妻の朋子に深謝申し上げます。

1.

Adner, R.(2016). Many companies still don't know how to compete in the digital age. *Harvard Business Review*.

Anthony, S. D. (2016) . Kodak's downfall wasn't about technology, *Harvard Business Review*.

加護野忠男(2012).「なぜコダックは破綻し、富士フイルムは好調なのか」『PRESIDENT Online』https://president.jp/articles/-/5806?page=1（閲覧日：2024年2月27日）

古森重隆(2014).「富士フイルムの経営改革「第二の創業」」『ながさき経済』*295*, 2-6.

STARBUCKS STORIES JAPAN(2021).「日本上陸25周年を機におさらい。スターバックスにまつわるABC」https://stories.starbucks.co.jp/ja/stories/2021/abc/（閲覧日：2024年3月7日）

東洋経済ONLINE(2017).「サザビーがイケてるブランドと組めるワケ―創業者が語る「有力ブランドを射止める秘訣」」https://toyokeizai.net/articles/-/61300（閲覧日：2024年3月7日）

2.

Barney, J. B (2002) . *Gaining and sustaining competitive advantage, Second edition.* Prentice Hall：N.J.（岡田正大（訳）(2003).『企業戦略論―競争優位の構築と持続―』ダイヤモンド社）

沼上幹(2000).『わかりやすいマーケティング戦略』有斐閣.

キュービーネットホールディングス株式会社(2022).「QB HOUSE誕生秘話。「ヘアカット専門店」という新ジャンルを切り開いた創業期の裏側。」https://prtimes.jp/story/detail/jbAYYZSkROb（閲覧日：2024年2月27日）

坂本孝(2018).「「ブックオフ」「俺のイタリアン」生んだ70代起業家・坂本孝が挑む"次"」『DIAMOND online』https://diamond.jp/articles/-/162116（閲覧日：2024年2月27日）

3.

株式会社ジャパンニューアルファ(n.d.).『パチンコの歴史』https://www.jn-alpha.co.jp/business/p/255.html(閲覧日:2025年1月10日)

Kim, C. & Mauborgne, L.(2015). *Blue ocean strategy: Expanded edition*. Harvard Business Review Press: M.A.(チャン・キム,レネ・モボルニュ(入山章栄(監訳),有賀裕子(訳))(2015).『ブルーオーシャン戦略―競争のない世界を創造する』ダイヤモンド社.)

三谷宏治(2013).『経営戦略全史』ディスカヴァー・トゥエンティワン.

Porter, M .E.(1985). *Competitive advantage*. The Free Press: N.Y.(土岐坤・中辻萬治・小野寺武夫(訳)『競争優位の戦略―いかに好業績を持続させるか―』ダイヤモンド社)

理想科学工業(n.d.).『ホームページ』https://www.riso.co.jp/release/121228_pg.html(閲覧日:2025年1月15日)

Staelin, R., Urbany, J. E., & Ngwe, D.(2023). Competition and the Regulation of Fictitious Pricing. *Journal of Marketing, 87*(6), 826-846. https://doi.org/10.1177/00222429231164640

The 社史(n.d.).『ファミリーコンピュータを発売:1983年 任天堂の意思決定』https://the-shashi.com/decision/1983-07-7974/(閲覧日:2025年1月10日)

安田隆夫(2015).『安売り王一代 私の「ドン・キホーテ」人生』文藝春秋.

4.

渥美俊一(2008).『流通革命―日本流通業のルーツがここにある―』ダイヤモンド社.

Canon(2023).「複写機「NP-1100」と「PC-10/20」が国立科学博物館の「未来技術遺産」に登録」『Canonニュースリリース』https://global.canon/ja/news/2023/20230914.html(閲覧日:2024年3月26日)

Collins, J. (2019). *Turning the flywheel: A monograph to accompany good to great*. Random House Business Books: N.Y. (土方奈美(訳)(2020).『ビジョナリー・カンパニー 弾み車の法則』日経BP.)

Kim, C. & Mauborgne, L. (2023) . *Beyond disruption: Innovate and achieve growth without displacing industries, companies, or jobs*. Harvard Business Review Press: MA

三ツ井創太郎(2018).「家賃が200万円もするのにスタバがもうかる理由」『IT mediaビジネスONLiNE』https://www.itmedia.co.jp/business/articles/1808/02/news012.html

スターバックス コーヒー ジャパン(n.d.).『公式ホームページ』https://starbucks-japan.my.site.com/s/a/2314 (閲覧日:2025年1月15日)

戸田裕美子(2014).「ダイエー社とマークス・アンド・スペンサー社の提携関係に関する歴史研究」『流通』*35*, 33-51.

戸田裕美子(2022).「日本における総合スーパーの史的変遷とGMS概念の再解釈」『明治大学国際日本学研究』*15* (1), 27-46.

吉田満梨(2016).「第3章 製品による顧客創造—カモ井加工紙株式会社マスキングテープ「mt」」石井淳蔵・廣田章光・坂田隆文(編著)『1からのマーケティングデザイン』碩学舎.

5.

Barney, J. B., (2002). *Gaining and sustaining competitive advantage, Second edition*. Prentice Hall: N.J.(岡田正大(訳)(2003).『企業戦略論—競争優位の構築と持続—』ダイヤモンド社)

Boston Consulting Group (1975). *Strategy alternatives for the British motorcycle industry*. London: HMSO.

文智彦(2009).「戦略的意思決定プロセス研究における二分法とその統合の可能性」『埼玉学園大学紀要』*9*, 15-27.

DISCO（2022）．「2022卒・就活経験者にきいた「大学進学に関する調査」」https://www.disc.co.jp/wp/wp-content/uploads/2022/03/shingakuchosa_202203.pdf（閲覧日：2024年3月7日）

GIGAZINE（2012）．「パズドラの生みの親「私は万人受けするゲームを作れるタイプではなかった」と誕生秘話を告白」『GigaZiNE』https://gigazine.net/news/20120823-puzzle-and-dragons-cedec2012/（閲覧日：2024年3月7日）

本田技研工業（n.d.）．「語り継ぎたいこと～チャレンジの50年」https://global.honda/jp/50years-history/index.html（閲覧日：2024年3月8日）

Kim, C. & Mauborgne, L.（2015）. *Blue ocean strategy: Expanded edition*. Harvard Business Review Press: M.A.（チャン・キム，レネ・モボルニュ（入山章栄（監訳），有賀裕子（訳））（2015）．『ブルーオーシャン戦略－競争のない世界を創造する』ダイヤモンド社.）

橋本賢治（2011）．「信書便事業をめぐる現状と課題」『立法と調査』*321*, 113-126.

Pascale,R.T.（1996）. The Honda Effect. *California Management Review, 38*（4）Summer, 80-91.

PRESIDENT Online（2019）．「Origami創業者が16歳で始めたナイキ販売　QRコード後の壮大ビジネス計画」『PRESIDENT Online』https://president.jp/articles/-/27310（閲覧日：2024年3月7日）

TBS（2024）．「儲かる！オススメされちゃう会社!」『がっちりマンデー』（閲覧日：2024年2月25日）

東洋経済ONLINE（2013）．「パズドラ大ヒットの真相　ガンホー森下社長が語った開発の裏側（上）」『東洋経済ONLINE』https://toyokeizai.net/articles/-/13026（閲覧日：2024年3月26日）

6.

Barney, J. B., (2002). *Gaining and sustaining competitive advantage, Second edition*. Prentice Hall: N.J.(岡田正大(訳)(2003).『企業戦略論―競争優位の構築と持続―』ダイヤモンド社)

三谷宏治(2024, March 9).「ベストセラー『経営戦略全史』の著者が語るマーケティング&知財」『日本マーケティング学会リサーチプロジェクト合同研究会(春の三都市リサプロ祭り)』一橋大学.

Rumelt, R. P. (1991). How Much Does Industry Matter? *Strategic Management Journal, 12* (3), 167-185. http://www.jstor.org/stable/2486591 (閲覧日:2024年3月26日)

佐藤悠一(2023).「「組織は戦略に従う」の真意を考える」『知識資産創造』.

田中洋(2002).『企業を高めるブランド戦略』講談社.

吉田満梨・中村龍太(2023).『エフェクチュエーション　優れた起業家が実践する「5つの原則」』ダイヤモンド社.

7.

Amazon.jobs (n.d.).『amazon.jobs』https://www.amazon.jobs/jp/landing_pages/about-amazon (閲覧日:2024年3月26日)

Barney, J. B (2002). *Gaining and sustaining competitive advantage, Second edition*. Prentice Hall: N.J.(岡田正大(訳)(2003).『企業戦略論―競争優位の構築と持続―』ダイヤモンド社)

キヤノン株式会社(2023).『複写機「NP-1100」と「PC-10／20」が国立科学博物館の「未来技術遺産」に登録』https://prtimes.jp/main/html/rd/p/000000925.000013980.html (閲覧日:2025年1月10日)

榎澤祐一(2022).「日本の音楽著作権管理事業におけるメガマーケティング―技術を考慮に入れた制度派組織論の視角から―」『実践経営』*58*, 21-29.

Hamel, G. & Prahalad, C. K. (1994) . *Competing for the future*. Harvard Business School Press.(一條和生(訳)(1995).『コア・コンピタンス経営』日本経済新聞社)

Looveren, Y. V. (2014) . Nestlé loses Nespresso court case. Retail Detail. https://www.retaildetail.eu/news/fashion/nestle-loses-nespresso-court-case/ (閲覧日:2024年3月26日)

前川徹(n.d.).「楽天市場のビジネスモデルと情報システム— 楽天市場はどうして成功したか?—」『早稲田大学 IT 戦略研究所』https://www.waseda.jp/prj-riim/casestudy/348/ (閲覧日:2024年3月7日)

NHK「プロジェクトX」制作班(2012).『「突破せよ　最強特許網　新コピー機誕生」 —壁を崩せ　不屈の闘志 プロジェクトX～挑戦者たち～』NHK出版.

日本経済新聞(2018).「ネスレ、スタバ商品の販売権を7900億円で取得」(2018年5月7日)

沼上幹(2006).「組織の<重さ>と組織の諸特性:日本企業における組織劣化現象と組織デザイン」『組織科学』*39*(4), 12-26.

8.

Trimble, V. (1993). *Overnight success: Federal express and Frederick Smith, Its renegade creator*. Crown: N.Y.

INDEX

著者紹介

榎澤祐一

レコード会社に新卒入社後、映像ビジネスの経営管理や事業戦略業務に従事。２０１２年からはゲーム会社でアニメソングや声優の歌手活動を中心とした音楽事業に草創期からジョインし、黒字化に貢献。大学教員に転身後、博士号（経営管理）を取得し、マーケティングを中心とした学術研究を手がける。日本マーケティング学会で学会賞受賞（２０２３年、ベストオーラルペーパー賞）。

現在は東京都内の大学でマーケティングの教育研究に携わりながら、営利・非営利組織の事業構築や再編に助言・参加している。

連絡先：yuichi19790922@gmail.com

事業戦略　コア・シナリオ発想法

2025年4月23日　　第1刷発行

著　者――― 榎澤祐一
発　行――― 日本橋出版
〒103-0023　東京都中央区日本橋本町2-3-15
https://nihonbashi-pub.co.jp/
電話／03-6273-2638
発　売――― 星雲社（共同出版社・流通責任出版社）
〒112-0005　東京都文京区水道1-3-30
電話／03-3868-3275

ISBN 978-4-434-35586-8